अमर क्रांतिकारी
सुखदेव

अमर क्रांतिकारी सुखदेव

एम. आई. राजस्वी

विद्या विहार, नई दिल्ली

प्रकाशक : **विद्या विहार**
19, संत विहार (पहली मंजिल) गली नं. 2, अंसारी रोड, नई दिल्ली–110002
 / संस्करण : 2025 / मूल्य : तीन सौ रुपए
मुद्रक : नरुला प्रिंटर्स, दिल्ली ISBN 978-81-93289-30-3

Amar Krantikari SUKHDEV
by Shri M.I. Rajasvi ₹ 300.00
Published by **VIDYA VIHAR**
19, Sant Vihar (First Floor), Street No.2, Ansari Road, New Delhi-2

क्रांतिकारी सुखदेव : चाणक्य भी, चंद्रगुप्त भी

क्रांतिकारी श्रृंखला में 'सुखदेव' एक ऐसा नाम है, जिसके प्रति प्रत्येक भारतीय अकस्मात् ही श्रद्धानत हो उठता है। सुखदेव ऐसे महान् क्रांतिकारी थे, जिन्होंने भारतीय युवा क्रांति को चाणक्य की भाँति नेतृत्व दिया। उनमें न केवल चाणक्य जैसी कूटनीति थी, अपितु चंद्रगुप्त जैसी चपल चतुराई भी थी। उन्होंने अपने कुशल नेतृत्व से युवा क्रांति का न केवल मार्गदर्शन किया, बल्कि अंग्रेजों के अत्याचार, शोषण और दमन के विरुद्ध खुला युद्ध भी आरंभ कर दिया था।

सुखदेव ने पंजाब की पावन भूमि पर ऐसे वातावरण में जन्म लिया, जब भारतीय जन पराधीनता की बेड़ियों में जकड़े विदेशी शासन के जुल्म-ओ-सितम का शिकार हो रहे थे। चारों ओर अंग्रेजों के शोषण और अत्याचार के बीच मर्मांतक चीत्कारें ही सुनाई पड़ती थीं। असहाय जनमानस अंग्रेजों की जागीर बनकर रह गया था। इस तरह की घटनाओं को सुखदेव ने बड़ी निकटता से देखा था और बाल्यावस्था से ही उनके मन में अंग्रेजों से प्रतिकार लेने की भावना बलवती हो उठी थी।

किशोर से युवावस्था तक पहुँचते-पहुँचते सुखदेव पर क्रांति का रंग गहराने लगा था। यही कारण था कि ताऊ चिंताराम के मना करने के बाद भी उन्होंने नेशनल कॉलेज में पढ़ने का आग्रह किया, तब इसी कॉलेज में उनका दाखिला करा दिया गया। नेशनल कॉलेज में उन्हें मनोनुकूल वातावरण मिला। कॉलेज में अधिकांशत: क्रांति की ही चर्चा होती रहती थी। यहीं उनका परिचय क्रांतिवीर सरदार भगत सिंह से हुआ। फिर क्या था! किताबी ज्ञान एक तरफ कर उनके बीच केवल अंग्रेजों को सबक सिखाने को लेकर चर्चाओं के दौर चलने लगे। इन्हीं चर्चाओं के बीच सुखदेव की क्रांतिधारा को नवप्रवाह मिला।

सुखदेव क्रांति की इस धारा में नीति-रणनीति की नौका को दिशा देनेवाले कुशल संगठनकर्ता और नीति-निर्देशक थे। वे कार्य योजनाओं का यथेष्ट ताना-बाना बुनकर उन्हें भली प्रकार क्रियान्वित करनेवाले योजनाकार भी थे। जिस समय ब्रिटिश सरकार ने युवा क्रांति को लुटेरी, त्रासवादी और रक्तपिपासु कहकर प्रचारित किया तथा क्रांतिकारियों की छवि को असामाजिक बनाने का प्रयास किया, तब सुखदेव ने विशुद्ध गंभीर राजनैतिक दृष्टिकोण से जनसाधारण और अंतरराष्ट्रीय समुदाय को इस युवा क्रांति का अर्थ और महत्त्व समझाने के लिए अदालत के मंच का प्रयोग किया। उन्होंने गिरफ्तारी देकर सहर्ष फाँसी का फंदा चूमने में भी कोई संकोच न किया।

प्रस्तुत पुस्तक 'अमर क्रांतिकारी सुखदेव' में उनके विराट् व्यक्तित्व, जीवन-शैली और स्वतंत्रता संग्राम में दिए गए योगदान पर दृष्टिपात किया गया है। उनके महान् जीवन चरित्र से जुड़ी अनेक महत्त्वपूर्ण घटनाओं को संक्षिप्त, सरल एवं सरस भाषा-शैली में प्रस्तुत किया गया है। आशा है कि यह पुस्तक किशोर, युवा और अन्य सभी वर्ग के पाठकों के लिए उपयोगी सिद्ध होगी।

—एम.आई. राजस्वी

सूची-क्रम

ऐतिहासिक पृष्ठभूमि

भारत का स्वाधीनता संग्राम विश्व के इतिहास में महत्त्वपूर्ण स्थान रखता है। इस संग्राम की कुछ ऐसी विशेषताएँ रही हैं, जिन्होंने साम्राज्यवाद की परिभाषा को खुलकर चुनौती दी। मनुष्य द्वारा मनुष्य के शोषण के विरुद्ध यह आंदोलन अहिंसा पर आधारित था, जिसका नेतृत्व महात्मा गांधी ने किया और साथ ही यह देश के युवा रक्त के धधकते विचारों से भी परिपूर्ण था। 'शैतान का मुकाबला आतिश से' वाले मंत्र को मानने वाले इन युवा क्रांतिकारियों ने इस क्रांति में नए अध्याय जोड़ दिए, जिससे ब्रिटिश साम्राज्य की चूलें हिल गईं। भारतीय जनमानस में इस शोषक साम्राज्य के प्रति आक्रोश भरने का कार्य निश्चय ही इस युवा क्रांति ने किया। अंग्रेजों की दमनकारी नीति और शोषण की प्रवृत्ति का बलपूर्वक विरोध करनेवाले इन युवा क्रांतिकारियों ने हँसते-हँसते अपने प्रिय भारतवर्ष पर प्राण न्योछावर कर दिए।

भारतीय जनमानस ब्रिटिश साम्राज्य के अत्याचारों से त्रस्त था। अंग्रेजों के भक्त हो चुके अधिकांश भारतीय जमींदार और सुविधाभोगी वर्ग ने ब्रिटिश नीति में फँसकर अपनी ही प्रजा पर अत्याचार शुरू कर दिए थे। सैकड़ों प्रकार की बंदिशों व करों ने जनसाधारण को दासता की दयनीय श्रेणी में ला खड़ा किया था। कठिन परिश्रम के बाद भी भरपेट भोजन की आशा नहीं थी और उस पर भी तनिक सा विरोध तो जैसे उनके प्राणों को संकट में डाल देता था। ये तो जनसाधारण की अनगिनत व्यथाएँ थी हीं, जबकि ब्रिटिश शासन पूर्णरूपेण भारतीय संस्कृति को तबाह करने पर तुला हुआ था। जिस धार्मिक विविधता पर भारतवासियों को गर्व था, उस पर निरंतर धर्मांतरण के आघात हो रहे थे। इस धर्मांतरण के कुचक्र में गरीबी की घोर विवशता तो थी ही, साथ ही जबरदस्ती का भी प्रयोग होता था।

भारत की जनता केवल भगवान से ही गुहार कर सकती थी कि वह सदैव की भाँति अवतरित होकर उन्हें इस दमनकारी शोषक साम्राज्य से मुक्ति दिलाए।

लगभग सौ वर्ष के शासन में ही ब्रिटिश शासक भारतीय जनमानस की शक्ति और कमजोरी दोनों से परिचित हो गए थे। यहाँ के सहिष्णु समाज में उनका विरोध करने की मानसिकता संभवत: नहीं थी। 'होय कोऊ नृप हमें क्या हानि' वाली बात को माननेवाले भारतीय जन-मानस में विद्रोह की दूर-दूर तक कोई आशा नहीं थी। इस पर भी अंग्रेजों ने भारतीय समाज को सुविधाभोगी और वैभवमयी बना दिया, जो जनसाधारण का प्रतिनिधित्व करते थे। इनमें जमींदार, जागीरदार, ठाकुर और कुछ राजा-महाराजा थे, जो ब्रिटिश सरकार से छद्‍म रायबहादुरी, सर और मिस्टर जैसी उपाधियाँ पाकर अपनी ही प्रजा पर जुल्म ढहाने लगे थे। ब्रिटिश सरकार ने जनसाधारण पर इस तरीके से अंकुश लगाया और साथ ही अपनी सेना में भारतीय जवानों की आक्रामकता रोकने के लिए भी धर्मविरोधी उपाय किए। सेना के जवानों को गाय और सुअर की चर्बी लगे कारतूस दिए जाते, जो जवानों को दाँतों से ही खोलने पड़ते थे। इस अनीति ने अंतत: विद्रोह को हवा दी और इस दमन से छटपटाए भारतीयों ने अट्‍ठारहवीं शताब्दी के उत्तरार्द्ध में कोल, खासी और संथाल विद्रोहों से ब्रिटिश अत्याचार के विरुद्ध आवाज बुलंद कर दी, जिसे ब्रिटिश सरकार ने बलपूर्वक दबा दिया। फिर सन् 1857 में 24 वीं इन्फेंट्री रेजीमेंट बैरकपुर से बगावत का स्वर उठा और बैरकपुर छावनी के युवा जाँबाज भारतीय सिपाही मंगल पांडे ने 29 मार्च, 1857 को क्रांति की पहली गोली दागी।

इस सशस्त्र क्रांति से ब्रिटिश सरकार स्तब्ध रह गई। ब्रिटिश सरकार ने उसी समय स्थिति की गंभीरता को देखते हुए भारत के शासन की बागडोर कंपनी सरकार से लेकर उसे अपने नियंत्रण में ले लिया। ब्रिटिश सरकार ने भारत में उठे सन् 1857 के इस गदर को बड़ी कठिनता से दबाया। इस आंदोलन की असफलता का कारण एकजुटता का अभाव रहा, लेकिन इससे यह स्पष्ट हो गया कि अब भारतीयों के हृदय में ब्रिटिश शासन से मुक्ति पाने की इच्छा प्रबल हो उठी थी। ब्रिटिश सरकार ने स्थिति को भाँपते हुए कई सुधारवादी कार्यक्रम बनाए, लेकिन भारतीयों ने इन्हें स्वीकार नहीं किया। अब तो जैसे स्वराज्य से कम कुछ स्वीकार ही नहीं था।

19वीं शताब्दी के प्रारंभ से ही स्वतंत्रता आंदोलन में तेजी आई और कांग्रेस के नेतृत्व में भारत की राजनैतिक स्वतंत्रता के लिए प्रयास तेज हुए। सन् 1914 में हुए प्रथम विश्वयुद्ध ने भारतीय स्वतंत्रता आंदोलन पर मध्यम सा प्रभाव ही डाला और देश के युवा वर्ग में सबल क्रांति की भावना का सूत्रपात हुआ। यद्यपि इसी समय

महात्मा गांधी ने स्वतंत्रता आंदोलन का नेतृत्व सँभाल लिया था और वे अहिंसा के मार्ग पर चलकर ब्रिटिश सरकार को मानवता का ज्ञान कराने के इच्छुक थे। वे रक्तपात से प्राप्त स्वतंत्रता के पक्ष में नहीं थे और भारतीय दर्शन के अनुसार अधिकांश भारतीयों ने अहिंसा के मार्ग का समर्थन एवं अनुसरण भी किया। महात्मा गांधी के अहिंसक आंदोलनों से ब्रिटिश सरकार ने कुछ सहिष्णुता अवश्य दिखाई हो, परंतु 'सोने की चिड़िया' भारत को स्वाधीन करने का उनका कोई इरादा नहीं था।

यह बात राजनैतिक आंदोलन नहीं समझ पाया था, लेकिन देश का युवा वर्ग अवश्य ही समझ गया था। मात्र राजनैतिक स्वतंत्रता से देश का भला होता नहीं दिख रहा था। स्वतंत्रता तो सभी क्षेत्रों में चाहिए थी। धर्म, अर्थ, कार्य सभी तो पराधीन थे। जनसाधारण तो कोल्हू के बैल की तरह हो रहा था। मानव द्वारा मानव का यह शोषण समाज का विकृत होता रूप था। धर्मांतरण ने 'एंग्लो इंडियन' नामक एक नए वर्ग का उदय कर दिया था। राष्ट्रीयता घोर संकट में थी। हालात इतने विद्रूप हो गए थे कि भारतीय संस्कृति व कला भी दम तोड़ने लगी थी। देश के जो हस्तशिल्पी थे, उन्हें देशी व्यापार की अनुमति नहीं थी। बुनकर समाज भी इतना पराधीन था कि अंग्रेज सिपाही जबरदस्ती उनके बुने कपड़ों को ले जाते। किसान वर्ग पर करों का इतना बोझ लाद दिया गया था कि अन्न पैदा करनेवाले ही भुखमरी के कगार पर थे। इसके विपरीत जो अंग्रेज भक्त थे, वे पाश्चात्य शैली में रच-बसकर वैभवशाली जीवन जी रहे थे। बड़े घराने, बड़े नेता और बड़े उद्योगपति सभी मजे में थे। महात्मा गांधी ने इस भेदभाव भरी व्यवस्था को बदलने की प्रतिज्ञा ली और गरीब, कमजोर, किसान व श्रमिकों के अगुआ बने, लेकिन केवल अहिंसक मार्ग पर चलकर स्थिति में किसी परिवर्तन की आशा कम-से-कम युवा क्रांतिकारियों को नहीं थी।

इस युवा वर्ग ने क्रांति का मार्ग कंठस्थ किया। विश्व में इससे पहले भी सशस्त्र क्रांतियाँ हुई थीं। ब्रिटेन से चली औपनिवेशिक साम्राज्य की नीति का अमरीका द्वारा विरोध, फ्रांस की सामंती व्यवस्था पर नेपोलियन, रूसो, वॉल्टेयर और मॉन्टेस्क्यू जैसे युवाओं का विद्रोह, रूस की क्रांति जारशाही के विरुद्ध रही तो चीन में भी मंचू राजवंश के अत्याचारों पर सुनयातसेन ने तुंग-मेंग नामक युवा क्रांतिदल के द्वारा ही स्वतंत्रता प्राप्त की। विश्व की इन सभी क्रांतियों में युवा वर्ग ने साम्राज्यवाद का विरोध करके समानता, स्वतंत्रता और बंधुत्व का नारा दिया। क्रांति की परिभाषा में इस युवा वर्ग ने कहा कि क्रांति का अभिप्राय उस अन्याय का समूल नाश करना है, जो साम्राज्यवादी और शोषक शासन का दृष्टिकोण है।

इस कम्युनिस्ट इतिहास ने भारतीय स्वतंत्रता संग्राम की गौरवमयी गाथा में ऐसे लोमहर्षक अध्याय जोड़ दिए, जिन्होंने विश्व के इतिहास में भारत के इस महासमर को अत्यंत प्रभावपूर्ण कर दिया। अहिंसावादी नेतृत्व के साथ हिंसक क्रांति ने भी अपना रौद्र रूप दिखाया तो ब्रिटिश सरकार को अपने प्राणों का भय सताने लगा। वह पूर्णतया अनीति और अन्याय पर उतर आई और इस युवा क्रांति के दमन के लिए सभी मानवीय सिद्धांतों को ताक पर रख दिया।

भारत में इस युवा क्रांति का जन्म तो बहुत पहले ही हो चुका था, जब बिहार, बंगाल एवं उड़ीसा में छिटपुट विद्रोह हुए। बिरसा आंदोलन, भूमिजन विद्रोह और हो विद्रोह ने अंग्रेजी व्यवस्था पर बलपूर्वक प्रहार किए, लेकिन केवल युवा क्रांति का सूत्रपात ही कर सके, जो कि 19वीं शताब्दी में मुखर हो उठे। उत्तर भारत में युवा क्रांति का नेतृत्व चंद्रशेखर आजाद कर रहे थे, जिन्होंने इस राष्ट्रव्यापी आंदोलन में महत्त्वपूर्ण भूमिका निभाई। काकोरी कांड में रामप्रसाद बिस्मिल, राजेंद्र लाहिड़ी, अशफाक उल्ला खाँ और रोशन सिंह को फाँसी पर लटका दिया गया। इस घटना ने युवा क्रांति को और भी प्रज्वलित कर दिया। युवा क्रांति ने रामप्रसाद बिस्मिल के अंतिम शब्दों 'मैं अंग्रेजी साम्राज्य के पतन की इच्छा करता हूँ' को उनकी अंतिम इच्छा के रूप में गाँठ बाँध लिया और देश भर में युवा क्रांति ने जोरदार करवट बदली। बंगाल में शचींद्र सान्याल ने 'हिंदुस्तान रिपब्लिक एसोसिएशन' की स्थापना करके भारतीय युवा क्रांति को एक मंच प्रदान किया। बाद में उन्हें भी काकोरी केस में आजीवन कारावास की सजा मिली। उनके द्वारा स्थापित एसोसिएशन ने आगे बढ़कर देशव्यापी लोकप्रियता प्राप्त की।

इसी एसोसिएशन के मंच पर भारत के युवा रक्त ने ब्रिटिश साम्राज्य को कड़ी चुनौती दी। इस युवा क्रांति में पंजाब से जो धधकते शोले ब्रिटिश साम्राज्य पर बरसे उन्होंने देश की स्वतंत्रता की दिशा तय कर दी। सरदार भगत सिंह, राजगुरु और सुखदेव एक ऐसी तिकड़ी थी, जिसने चंद्रशेखर आजाद के नेतृत्व में युवा क्रांति की मशाल थामी और देश में क्रांति की ज्वाला आलोकित कर दी। इस तिकड़ी में केवल जोश ही नहीं था, बल्कि संगठन, बौद्धिक और रणनीति का ऐसा समावेश था, जिससे इनका प्रत्येक कार्य अंतरराष्ट्रीय क्रांति का संकेत देता था। इस तिकड़ी ने सारे देश को जाग्रत् किया और ब्रिटिश साम्राज्य के सिंहासन को हिलाकर रख दिया। यद्यपि इस तिकड़ी के तीनों शहीद एक-दूसरे के पूरक थे और क्रांति की वेदी पर तीनों एक साथ हँसते-हँसते अपने प्राणों की बलि दे गए। लेकिन सुप्रसिद्ध इतिहासकार

एवं साहित्यकार विष्णु प्रभाकर ने कहा है, ''भारतीय क्रांतिकारियों का इतिहास लिखते समय इतिहासकारों ने एक बड़ी भूल यह की है कि उन्होंने अपना सारा ध्यान भगत सिंह पर केंद्रित रखा और उनके साथियों के महत्त्व का उचित मूल्यांकन नहीं किया।''

भारतीय क्रांति के इतिहास के परिप्रेक्ष्य में विष्णु प्रभाकर की बात सत्य ही है। यह भूल तो हुई है और भगत सिंह के अनन्य साथियों के अभूतपूर्व योगदान का वर्णन संक्षिप्त ही रहा है।

इतिहासकार डॉक्टर सुभाष रस्तोगी ने भी कहा है, ''अमर क्रांतिकारी सुखदेव के साथ भारतीय इतिहास ने न्याय नहीं किया। उनकी शहादत के बाद से अब तक जो भी लिखा गया, उसमें व्यापक रूप से तथ्यपरक दृष्टिकोण के अभाव से ऐतिहासिक परिप्रेक्ष्य में सुखदेव का समग्र व्यक्तित्व अपने संपूर्ण प्रभामंडल से उद्घटित नहीं हो पाया, जबकि सुखदेव वास्तव में भारतीय क्रांति के इतिहास के महानायक थे।''

इस संबंध में कलम की भूल के कारणों पर दृष्टिपात करना भी तर्कसंगत होगा। वास्तव में सुखदेव क्रांति की इस धारा में नीति-रणनीति की नौका को दिशा देनेवाले कुशल संगठनकर्ता और नीति-निर्देशक थे। कार्य योजनाओं को मस्तिष्क में बुनकर और उन्हें भली-भाँति क्रियान्वयन करने वाले, निर्देशन देनेवाले सुखदेव इस क्रांति की रीढ़ थे। यदि हम उन्हें दल का चाणक्य कहें तो कोई अतिशयोक्ति नहीं होगी। वे क्रांतिरथ के सारथी थे। जिस समय ब्रिटिश सरकार ने इस युवा क्रांति को लुटेरी, त्रासवादी और रक्तपिपासु कहकर प्रचारित किया तथा क्रांतिकारियों की छवि को असामाजिक बनाने का प्रयास किया तब सुखदेव ने विशुद्ध गंभीर राजनैतिक दृष्टिकोण से जनसाधारण और अंतरराष्ट्रीय समुदाय को इस युवा क्रांति का अर्थ और महत्त्व समझाने के लिए अदालत के मंच का प्रयोग किया तथा गिरफ्तारी देकर फाँसी के फंदे पर झूल गए। उन्हीं सुखदेव के जीवन एवं स्वतंत्रता संग्राम में उनके योगदान पर हम दृष्टिपात कर रहे हैं, जिन्होंने युवा क्रांति में अपना नाम स्वर्णाक्षरों में अंकित करा दिया।

□

जन्म एवं बाल्यावस्था

यह 15 मई, 1907 का पावन दिन था, जब पंजाब के लुधियाना जिले के सदर शहर के नौधरां के थापर वंश में एक बालक का जन्म हुआ। उस समय देश पराधीनता की बेड़ियों में जकड़ा हुआ था और इस तरह के प्रसन्नता के अवसर ही भारतीय जनमानस को प्रसन्नता प्रदान करते थे।

थापर वंश का इतिहास बड़ा ही वर्चस्व भरा रहा है। नौधरां का किला कभी लोदी वंश के अधिकार में था, जो पानीपत के प्रथम युद्ध के बाद थापर वंश के अधीन हो गया था। यह थापर परिवार काबुल से आकर लुधियाना में बस गया था। नौधरां नौ विशाल किलेनुमा हवेलियों से बना था। 19वीं शताब्दी में लाला गिरधारीलाल इस वंश के मुखिया थे। इनके तीन पुत्र सावनलाल, बाँकामल और बिंद्रामल थे। नौधरां का विशाल घराना हँसी-खुशी अपना जीवन व्यतीत कर रहा था। इन्हीं में बाँकामल थापर के पुत्र रामलाल थापर और बिंद्रामल के पुत्र चिंताराम थापर थे। परिवार में व्यापार और कृषि आजीविका के मुख्य साधन थे।

रामलाल थापर व्यापार में रुचि रखते थे और अधिकांश समय लायलपुर में बिताते थे। इनकी पत्नी रल्ली देई परिवार के साथ नौधरां में ही रहती थीं। नौधरां में परिवार की देखभाल का दायित्व चिंताराम थापर के ऊपर था। चिंताराम थापर एक प्रसिद्ध घराने से संबंध रखते थे तो लुधियाना में उनकी प्रतिष्ठा व सम्मान था। सबके सुख-दुःख में शामिल रहनेवाले चिंताराम थापर नगर के प्रतिष्ठित समाजसेवी थे। उन्होंने समाज में फैली कई कुप्रथाओं का विरोध किया। भेदभाव, छुआछूत और अंधविश्वास पर उनकी उग्रता देखने योग्य थी। समाज की इन रूढ़ियों से लड़ने में उन्हें आर्य-समाज ने सहायता की। उन्होंने आर्य-समाज के कई शुद्धीकरण कार्यक्रमों में भाग लिया और अंततः पूर्ण चिंतन-मनन से इसके सक्रिय सदस्य बन गए। यद्यपि

इसके लिए उन्हें पारिवारिक विरोध का भी सामना करना पड़ा, लेकिन वे समाज के हित में अपनी बात पर अड़े रहे। यहाँ तक कि उनके पिता बिंद्रामल ने उन्हें इस हठ से बाहर निकालने के लिए एक युक्ति भी लगाई।

लाला जीवाराम थापर, लाला बिंद्रामल थापर के एक निकट संबंधी थे, जो रावलपिंडी में रहकर स्टेशनरी और प्रेस का कार्य करते थे। उनकी इस प्रेस से उर्दू में 'ताज' और अंग्रेजी में 'पंजाब टाइम्स' नाम के दो अखबार निकलते थे। लाला जीवाराम थापर उसी समय लुधियाना आए, जब चिंताराम थापर आर्य-समाज में सक्रिय हो चुके थे।

लाला जीवराम लुधियाना आकर लाला बिंद्रामल से मिले। दोनों ने एक-दूसरे की कुशलक्षेम पूछी।

"चाचाजी!" लाला बिंद्रामल बोले, "और तो सब कुशल मंगल है। रामलाल व्यापार में अच्छी आय कर लेता है। परिवार में हर प्रकार से सुख एवं शांति है, लेकिन···।"

"लेकिन क्या?" जीवाराम चौंककर बोले।

"चिंताराम अपने मार्ग से भटक रहा है। वह समाजसेवी था तो हमें कोई भी आपत्ति नहीं थी, क्योंकि यह मानवधर्म है, लेकिन अब वह आर्य-समाज के सिद्धांतों का श्रद्धालु हो रहा है, जो हमारे लिए असहनीय है। इसमें धर्मभ्रष्ट होने में क्या देर लगती है, जब शूद्र और सवर्ण एक ही थाली में भोजन करेंगे।"

"हाँ, यह तो चिंता का विषय है," जीवाराम चिंतित स्वर में बोले, "तुमने उसे समझाया नहीं कि कुलीन घरानों में ऐसा नहीं होता।"

"कोई समझे तब तो समझाने का लाभ। बस, अब तो एक उपाय समझ में आता है और इसमें आपकी सहायता की आवश्यकता है।"

"क्यों नहीं, मुझे वह उपाय बताओ। मैं अवश्य तुम्हारी सहायता करूँगा।"

"आप किसी प्रकार चिंताराम को रावलपिंडी ले जाएँ और उसे किसी कार्य में लगा दें तो संभवतः उसकी रुचि बदल जाए।"

"अच्छा उपाय है। मैं चिंताराम से बात करता हूँ।"

इस प्रकार चिंताराम को लुधियाना से रावलपिंडी भेज दिया गया। रावलपिंडी आकर कुछ दिन तो वे अनमने से रहे, लेकिन बाद में उनका मन लग गया। कारण था उनकी समाजसेवी भावना, जिसमें वृद्धि-विस्तार हुआ और उन्हें देश की स्थिति का ज्ञान हुआ। चिंताराम पढ़े-लिखे अंग्रेजीदाँ थे तो 'पंजाब टाइम्स' में उनकी रुचि बढ़ गई। उस समय त्रिदिवसीय अखबार के संपादक पी. गुप्ता थे, जो भारत में

अंग्रेजों के घोर विरोधी थे। उनके राष्ट्रवादी लेखों से चिंताराम बहुत प्रभावित हुए। उनकी देशभक्ति और निर्भीकता ने चिंताराम के चिंतन को नई दिशा दी। उसी समय एक घटना घटी। ब्रिटिश प्रशासन ने राष्ट्रवादी लेखन के आरोप में संपादक गुप्ताजी को रावलपिंडी से बाहर जाने का आदेश सुना दिया, जिसका अखबार के स्वामी लाला जीवाराम ने भी व्यावसायिक कारणों से विरोध नहीं किया। इससे चिंताराम बहुत आहत हुए। देशभक्त और सत्य के पक्षधर पी.गुप्ता के प्रति उन्हें यह दुर्व्यवहार इतना अखरा कि वे रावलपिंडी से जाने का अवसर ढूँढ़ने लगे। वहाँ उनका मन उचट गया था।

यह अवसर उन्हें तब मिला, जब पंजाब के तत्कालीन लेफ्टिनेंट जेम्स ब्राइनवुड लायल ने एक नए नगर की स्थापना की घोषणा की। लायलपुर के नाम से बसने जा रहे इस नगर में व्यापार की संभावनाएँ अधिक थीं। चिंताराम ने इन्हीं संभावनाओं का आश्रय लेकर लाला जीवाराम और अपने पिता बिंद्रामल को संतुष्ट कर लिया तथा रावलपिंडी से चले आए। उन्होंने लायलपुर में भाई रामलाल के साथ मिलकर 'लाला चिंताराम रामलाल थापर' के नाम से आढ़त का कार्य आरंभ कर दिया। फिर उचित समय देखकर और पारिवारिक कारणों का आश्रय लेकर चिंताराम थापर ने रामलाल को वहाँ का कार्य सौंप दिया तथा स्वयं नौधरां चले आए। यद्यपि वे गंभीरता से व्यवसाय में जुट गए थे, लेकिन अब भी उनके अंदर का समाजसेवी पूर्ण रूप से समाजसेवा में सक्रिय था। लायलपुर का विस्तार हो रहा था। चिंताराम वहाँ आते-जाते रहते थे। इस नए नगर में उनकी मित्रता हकीम नुरुद्दीन से हुई। हकीम साहब और चिंताराम के प्रयासों से उस नए नगर में सौहार्द का वातावरण स्थापित हुआ। कहा जाता है कि जब अमृतसर, मुलतान, लाहौर आदि में हिंदू-मुसलिम तनाव होता था तो लायलपुर में ये दोनों प्रतिष्ठित व्यक्ति शांति-सद्भाव बनाए रखते थे। यह इन दोनों की समान विचारधारा और व्यक्तित्व का परिणाम था कि विभाजन के समय तक लायलपुर में कभी सांप्रदायिक तनाव नहीं रहा।

सन् 1907 में फाल्गुन सुदी सप्तमी, संवत् 1862 को इसी थापर परिवार में इस बालक के जन्मोत्सव की खुशियाँ मनाई जा रही थीं, जो आगे चलकर भारत के स्वाधीनता संग्राम का महानायक सिद्ध हुआ। बालक का नामकरण संस्कार हुआ और उसे सुखदेव नाम मिला। सुखदेव अर्थात सुख देनेवाला। सारा परिवार बालक के जन्मोत्सव की खुशियाँ मना रहा था। सुखदेव के पिता रामलाल थापर उस समय लायलपुर में थे। उन्होंने जब यह शुभ समाचार सुना तो वे हर्षित हो उठे। वे

लुधियाना आ गए और परिवार की सहमति से अपनी पत्नी रल्ली देई और अपने नवजात पुत्र सुखदेव को लायलपुर ले आए। लायलपुर में जहाँ उनकी दुकान थी, वहीं उनका मकान था। दोनों पति-पत्नी के लिए यह नया और प्रसन्नता भरा अनुभव था।

चार प्राणियों की यह छोटी सी गृहस्थी, जिसमें रामलाल, रल्ली देई, सुखदेव और चिंताराम की पुत्री सात वर्षीय गौरा भी थी, हँसी-खुशी जीवन व्यतीत कर रहे थे। गौरा सात वर्षीया बालिका थी, जिसे रल्ली देई ने ही पाला-पोसा था। सुखदेव पर गौरा का अत्यधिक स्नेह था। तीन वर्ष कब व्यतीत हुए, उन्हें पता ही नहीं चला। अब सुखदेव चलने-फिरने लगे थे और अपनी तुतलाती भाषा में बोलने भी लगे थे। सुखदेव को अपने ताऊ चिंताराम से अत्यधिक स्नेह था और जब भी चिंताराम लायलपुर आते तो सुखदेव अधिकांश उनकी ही गोद में रहते।

इस सुखी परिवार और रल्ली देई की खुशियों को तब भारी आघात लगा, जब सन् 1910 में रामलाल थापर का असमय निधन हो गया। यह एक क्रूर आघात था, जिसने थापर घराने को हिलाकर रख दिया। नियति पर किसका वश चलता है। रल्ली देई का रो-रोकर बुरा हाल था। परिवार पर असमय नियति ने क्रूर आघात किया था। लाला चिंताराम थापर बहुत व्यथित थे, लेकिन उन्होंने स्वयं को सँभाला। उन्होंने परिवार का दायित्व अपने ऊपर लिया और लायलपुर आकर व्यापार सँभाल लिया।

यद्यपि रल्ली देई को परिवार का आलंब था, लेकिन फिर भी उनके हृदय में यह अपार दुःख घर किए रहता और वे विलाप करने लगतीं। कभी वे सुखदेव के भविष्य की चिंता में रोतीं, तो कभी पति की स्मृतियों में। अंततः चिंताराम थापर ने स्थिति की गंभीरता को समझा।

"सुखदेव की माँ! जो हुआ, उस पर इतना व्यथित होना उचित नहीं है। परमात्मा की यही इच्छा थी। उसने रामलाल को इतने ही समय के लिए हमारे पास भेजा था। अब तुम्हारे ऊपर अधिक दायित्व है। इस प्रकार तुम्हारा अधीर होना इन बालकों पर प्रतिकूल प्रभाव डाल सकता है। ये अभी कच्ची आयु में हैं और ऐसे में तुम्हारा क्रंदन इन्हें असुरक्षा और भय से ग्रसित कर देगा, जिससे कभी उबर नहीं पाएँगे।"

रल्ली देई को बात की गंभीरता का ज्ञान हुआ।

"और तुम्हें किस प्रकार की चिंता करनी है! पूरा परिवार तुम्हारे साथ है। यह सब हमारे बच्चे हैं और इनकी उचित देखभाल एवं शिक्षा का दायित्व हमारा ही है।"

रल्ली ने अपने आँसू पोंछकर सहमति में अपना सिर हिलाया।

अपने जेठ की बातों से रल्ली देई को बड़ी सांत्वना मिली और उन्होंने अपनी नारी सुलभ व्यथा को अपने हृदय में दबा लेने का संकल्प लिया।

लाला चिंताराम ने भी अपने सभी दायित्वों का भली-भाँति निर्वहन किया। उन्होंने सुखदेव को कभी भी पिता की कमी महसूस नहीं होने दी। उन्होंने व्यवसाय को सँभालकर परिवार को आर्थिक सुदृढ़ता दी और साथ ही बच्चों को भी सुरक्षा प्रदान की। रल्ली देई ने घर की सभी जिम्मेदारियाँ उठा लीं और सभी बच्चों को माता का स्नेह दिया।

रल्ली देई घर के सभी बच्चों को एक साथ बिठाकर पौराणिक, धार्मिक और ऐतिहासिक प्रेरक चरित्रों की कहानियाँ सुनातीं। देशभक्ति से ओत-प्रोत कहानियाँ वैसे तो सभी बच्चों को अच्छी लगतीं, लेकिन सुखदेव की श्रुति में एक विचित्र सी गंभीरता उत्पन्न हो जाती। सुखदेव को परियों, जादू और राजा-रानी की कहानियों से अधिक देश के महान देशभक्तों की कहानियाँ अच्छी लगतीं। वे रल्ली देई से ऐसी ही कहानियाँ सुनाने की हठ करते।

इस प्रकार सुखदेव का हृदय बचपन से ही राष्ट्रभक्ति से ओत-प्रोत हो गया था और संभवत: उसी बालमन में देश पर प्राणोत्सर्ग तक कर देने का संकल्प भी पैदा हो गया था।

□

शिक्षा-दीक्षा

सुखदेव आरंभ से ही हठी, मेधावी और कुशाग्र बुद्धि के थे। वे घर-परिवार में सबके लाडले थे और इसी कारण उनमें बलहठ अत्यधिक था। यद्यपि अपने भाई-बहनों से उन्हें अत्यधिक स्नेह था, लेकिन उनके विचारों में जो निर्भीकता थी, उससे वे सबसे भिन्न दिखाई पड़ते थे। पाँच वर्ष की आयु में सुखदेव को प्रारंभिक शिक्षा के लिए स्थानीय विद्यालय 'धनपतराम आर्य हाईस्कूल' में भेज दिया गया।

यह विद्यालय का पहला दिन था और आज पहली बार सुखदेव अपने परिवार से दूर हुए थे। विद्यालय में उनका बिल्कुल भी मन नहीं लगा। सारा दिन उनके मुँह पर उदासी छाई रही। जैसे-तैसे दोपहर तक समय व्यतीत किया और छुट्टी होते ही घर की ओर दौड़ पड़े। इस दिन सुखदेव को सबकी याद ने रुलाया। घर पहुँचते ही वे पट्टी-बस्ता फेंककर रोते हुए अपनी माँ की ओर लपके। माँ ने बड़े अनुराग से अपने लाल को अपने अंकपाश में समेट लिया और उन्हें दुलारने लगीं।

"अरे...रे...रे क्या हुआ सुखदेव? किसी ने कुछ कहा क्या?"

"माँ! मैं अकेला स्कूल नहीं जाऊँगा। मेरा वहाँ मन नहीं लगता। वहाँ मुझे सबकी याद सताती है।" सुखदेव ने कहा।

तभी गौरा भी विद्यालय से आ गई और अपने प्रिय सुखदेव को गोद में उठा लिया। वह उनके आँसू पोंछने लगी।

"मेरा राजा भैया! ऐसे क्यों रोता है? तू तो बहादुर है।"

"मैं स्कूल नहीं जाऊँगा। तुम सब भी चलो तो जाऊँगा।"

"अरे मुन्ना! मेरे अच्छे भैया! हम भी स्कूल जाते हैं, लेकिन हमारा स्कूल तेरे स्कूल से अच्छा थोड़े ही है। वहाँ तो तुम्हें नए-नए मित्र मिलेंगे। आज पहला दिन

था न, इसीलिए तुझे अच्छा नहीं लगा, लेकिन कुछ दिनों में देखना कि तुम्हें हमारी जरा भी याद नहीं आएगी। वहाँ तो वैसी ही कहानियाँ सुनाई जाती हैं, जैसी तुम्हें अच्छी लगती हैं। झाँसी की रानी, मंगल पांडे और नाना साहब की चित्रवाली किताबें होती हैं।''

''अच्छा, फिर तो मैं जरूर जाऊँगा।''

''मेरा अच्छा भैया!''

तभी प्रकाश और जयदेव भी विद्यालय से आ गए।

''मेरा स्कूल तुम्हारे स्कूल से भी अच्छा है। है न दीदी!'' सुखदेव ने कहा।

''हाँ भैया! चलो अब तुम्हारे कपड़े बदल दूँ।''

प्रकाश और जयदेव तो कुछ समझ ही नहीं पाए। माँ ने उन दोनों को दुलारकर सारी बातें समझाईं तो वे भी हँस पड़े।

धीरे-धीरे सुखदेव का मन विद्यालय और विद्या में रम गया। अब वे बहुत हठी और चंचल भी होते जा रहे थे। फिर भी पारिवारिक गुणों की उन पर पूरी छाप थी। घर में अधिकांश आर्यसमाजी सिद्धांतों को मान्यता दी जाती थी, जिनसे प्रेरित होकर सुखदेव ने काफी हद तक अपने हृदय से धार्मिक अंधविश्वासों को दूर कर लिया था। वे अपने ताऊजी से बचपन में ही प्रभावित रहे। उनके विचार और प्रतिष्ठा ने सुखदेव को प्रेरणा दी एवं वे भी मानवता तथा देशभक्ति को सर्वोपरि मानने लगे।

बाल्यावस्था से ही सुखदेव की सद्भाव वृत्ति का दर्शन होने लगा था और वे जात-पाँत, धर्म-विभेद से दूर थे। यह बात उनकी रहिमन नाम की मुसलिम दाई से प्रगाढ़ आत्मीयता से प्रकट होती है। रहिमन दाई आस-पास दूर तक एक कुशल प्रसव विशेषज्ञा मानी जाती थीं। सुखदेव भी उनके ही दायित्व में पैदा हुए थे। रहिमन का सुखदेव पर बहुत स्नेह था और सुखदेव भी उन्हें प्रेम से रहिमन चाची कहते थे। रहिमन ही सुखदेव को विद्यालय के लिए तैयार करती थीं और विशेषकर तब, जब सुखदेव हठ के कारण रूठ जाते थे। रहिमन के स्नेह में उनकी हठ को अकसर टूटते देखा जाता था। रहिमन के घर रोज मट्ठा पहुँचाने का कार्य सुखदेव ही करते थे।

सुखदेव की हठ अवश्य ही सबको चिंतित कर देती थी। उन्हें जो वस्तु भा जाती, वे उसे हर हाल में पाते। घर में सबका प्रिय होने से उनकी सभी माँगों को पूरा किया जाता। उनकी दृढ़ता ऐसी थी कि जो ठान लिया, उसे पूरा करके ही ठहरते थे। उनकी इस हठ पर उनकी माता को कई बार क्रोध भी आ जाता और पिटाई भी हो जाती। पिटाई से रुष्ट होकर सुखदेव की दृढ़ता एवं गंभीरता और भी मुखर हो उठती थी। ऐसा प्रतीत होता था कि जैसे उस बालमन में कोई गंभीर मंथन चल रहा है।

ऐसी स्थिति में उनके ताऊ चिंताराम ही उन्हें सँभालते। अन्य किसी के वश में उनके हृदय के गुबार को शांतिपूर्वक दबा देना संभव नहीं था।

एक दिन ताऊ चिंताराम घर पर नहीं थे और सुखदेव कोई हठ पकड़ गए। माँ ने समझाया, गौरा ने समझाया और परिवार के अन्य लोगों ने भी प्रयास कर लिए, लेकिन चट्टान की तरह अडिग सुखदेव अपने हठ से टस-से-मस नहीं हुए। माँ को क्रोध आ गया और उन्होंने सुखदेव की पिटाई कर दी। पिटाई से रुष्ट होकर सुखदेव घर से बाहर आ गए।

सुखदेव की यही दृढ़ता तो उन्हें सबसे विलग करती थी। अपनी जिद के सामने तो झुकना उन्होंने सीखा ही नहीं था। घर से निकलकर सुखदेव बहुत देर तक इधर-उधर घूमते रहे। सर्दियों का मौसम था तो उन्हें सर्दी भी लगने लगी। उन्हें घर लौटना तब तक स्वीकार नहीं था, जब तक कि ताऊजी ही मनाकर न ले जाते और आज ताऊजी बाहर गए थे। तभी सुखदेव ने गली के एक मोड़ पर भीड़ लगी देखी। वे जानते थे कि वहाँ एक स्त्री भाड़ पर मकई, चना आदि के दाने भूनती थी। भाड़ की आग पर वे एक-दो बार हाथ सेंक आए थे तो उन्हें सर्दी से बचने का उपाय सूझा। वे भड़भूजन के पास गए, जो अकेली ही बेचारी सारे काम कर रही थी। भीड़ अधिक थी और अकेली स्त्री से कार्य सँभल नहीं रहा था।

भीड़ के कारण सुखदेव को भाड़ के पास पहुँचने में परेशानी हो रही थी तो उन्होंने एक उपाय सोच लिया। वे जैसे-तैसे करके वहाँ पहुँचे और भड़भूजन के कार्य में हाथ बँटाने लगे। इतनी भीड़ में एक बच्चे की सहायता पाकर भड़भूजन गद्‌गद हो उठी और उसके हाथ और भी तेजी से चलने लगे। सुखदेव को अब सर्दी नहीं लग रही थी, लेकिन धूल, राख और पसीने से वे अस्त-व्यस्त हो गए। बालों में राख भर गई। मुँह पर धूल की परत जम गई, लेकिन वे लगे रहे। भड़भूजन ने उस सहायता से ही सब ग्राहकों को संतुष्ट करके भेजा।

"लल्ला! आज तो तूने बड़ी सहायता की," भड़भूजन बोली, "अब तू बैठ, थक गया होगा। ले, दाने खा ले। तब तक मैं सामान बटोर लेती हूँ।"

सुखदेव बैठकर दाने खाने लगे। भूख तो उन्हें लग रही थी और कुछ थकान भी हावी थी। भुने दाने में स्वाद आ रहा था।

"अच्छा लल्ला! अब तू घर जा। मैं भी चलती हूँ।"

भड़भूजन ने भाड़ बंद कर दिया। वह तो अपना सामान बटोरकर अपने घर चली गई, लेकिन सुखदेव वहीं बैठ गए। अभी तो भाड़ की गरमी थी, लेकिन थोड़ी देर

में वह भी ठंडा हो गया। अब उन्हें सरदी लगने लगी थी, लेकिन वे अपने निश्चय से न हटे। वहाँ उन्हें बैठे हुए बहुत समय हो गया था और अँधेरा भी घिर आया था। तब कहीं जाकर उनके ताऊजी उन्हें ढूँढ़ते हुए वहाँ पहुँचे। सुखदेव उन्हें देखते ही उनकी ओर दौड़े और उनसे लिपट गए।

चिंताराम थापर जैसे उनकी सब भावनाओं को अच्छी तरह समझते थे। उन्होंने सुखदेव को गोद में उठाकर दुलारा। एक मूक भाषा में दोनों के बीच बात हो गई। जहाँ ताऊजी ने बिना पूछे उनके आज के हठी व्यवहार का कारण जान लिया, वहीं बिना पूछे सुखदेव को भी अपने ताऊजी से क्षमा मिल गई। फिर वे अपने ताया की उँगली पकड़कर घर चले आए।

सुखदेव का व्यक्तित्व बाल्यावस्था से ही बहुमुखी था। वे हठी तो थे, लेकिन उनकी हठ में गंभीरता झलकती थी। वे शरारती थे, लेकिन उनकी शरारत में साहस होता था। परिस्थिति के अनुसार विचार और उपाय करने का उनका गुण अद्भुत था। वे समझते थे कि कठिनाइयों का सामना करने के लिए धैर्य एवं साहस के साथ दिमाग की भी आवश्यकता पड़ती है। अपनी बात कैसे सर्वोपरि रखनी है, यह सुखदेव अच्छी तरह जानते थे। बाल्यावस्था से ही स्वयं की परीक्षा लेकर अपने आपको पहचानने का प्रयास करना एक अद्वितीय गुण था।

एक बार सुखदेव अपने चचेरे भाई जयदेव के साथ बाजार में घूमने गए। जिज्ञासु स्वभाव के सुखदेव सदैव कुछ-न-कुछ सोचते रहते थे। उनके मन में प्रश्न घुमड़ते ही रहते थे।

"जयदेव! क्या तुझे डर नहीं लगता?" सुखदेव ने पूछा।

"कैसा डर और दिन में डरने की क्या बात? हाँ, रात में तो अच्छे-अच्छे भी डर जाते हैं। तू...तू भी डर जाएगा।" जयदेव ने कहा।

"नहीं, मैं न तो दिन में डरता और न ही रात में।" सुखदेव दृढ़ता से बोले, "अरे, डर तो मेरे पास भी नहीं फटकता।"

"रात का अँधेरा बहुत डरावना होता है।"

"जो अपने मन में रात का डर लेकर चलते हैं, उन्हें दिन में भी डर लगता है। यह मैं सिद्ध कर सकता हूँ।"

"तो फिर करके दिखा।"

इस समय वे चिन्योट बाजार से गुजर रहे थे। तभी सुखदेव की नजर एक घोड़े पर पड़ी, जो शांत खड़ा जुगाली कर रहा था। सुखदेव ने कुछ सोचा और जयदेव को घोड़े के निकट लेकर आए। फिर अचानक जयदेव को पकड़कर घोड़े की ओर

धकेल दिया। जयदेव भय से चीख पड़ा और घोड़ा बिदक गया। तभी घोड़े ने टाँग चला दी, जिससे जयदेव की उँगली में चोट आ गई।

''डर गया न दिन में ही।'' सुखदेव ने कहा।

जयदेव रो रहा था और उँगली दबाए हुए था। तब सुखदेव को पता चला कि उनकी शरारत भरी परीक्षा कुछ ज्यादा हो गई थी।

शरारत बालसुलभ अवश्य थी, लेकिन उसमें विचार भी था। हाँ, सुखदेव ने यह नहीं सोचा था कि इतना कुछ हो जाएगा। उन्हें घबराहट होने लगी कि अब घर जाने पर मार पड़ेगी। कुछ देर सोचा तो झट से उपाय दिमाग में आ गया। वे जयदेव को वहीं छोड़कर भाग लिये और समीप के कंपनी बाग के एक पेड़ पर जा छिपे। रात घिर आई। सुखदेव बैठे रहे। वे रात भर वहीं रहे। अपने भय की भी परीक्षा हो गई थी और जैसे ही सुबह हुई तो घर लौट आए।

सुखदेव ने घर जाकर देखा तो सबके चेहरे लटके हुए और माँ की आँखें तो रोने के कारण सूज गई थीं। ताऊजी ने लपककर सुखदेव को गोद में उठा लिया। वे भी बहुत परेशान थे।

''तू...तू कहाँ चला गया था? हम सारी रात तुम्हें ढूँढ़ते रहे। हम सबका रोते-रोते बुरा हाल था।'' ताऊजी ने पूछा।

सुखदेव ने अक्षरशः सारी बात बता दी। लाला चिंताराम गंभीर हो गए।

''अरे, तू कब सुधरेगा,'' माँ ने क्रोध से पूछा, ''ऐसी शरारतें तू करता ही क्यों है? जयदेव को चोट लग गई और तू उसे अकेला ही छोड़कर भाग गया। हम सब सारी रात बहुत परेशान रहे।''

''लेकिन मैं तो रात में नहीं डरा।'' सुखदेव भोलेपन से बोले।

यह सुनते ही ताऊजी हँसने लगे।

''तू बहुत बहादुर है बेटा! हम सबको बहुत डर लगता है। अच्छा, आज के बाद तो तुझे ऐसा करने की जरूरत नहीं पड़ेगी?'' ताऊजी ने सुखदेव के सिर पर हाथ फिराते हुए पूछा।

''आपका लाड-प्यार ही तो इसे सिर पर चढ़ा रहा है।'' माँ ने कहा।

''सुखदेव की माँ!'' चिंताराम बोले, ''यह सिर पर चढ़ाने का संकेत नहीं है, बल्कि सिर को उठाने का संकेत है।''

इस प्रकार सुखदेव को अपने ताऊजी का स्नेह मिलता रहा। सत्य भी यही था कि चिंताराम थापर ने उस नौनिहाल की विलक्षण प्रतिभा का आकलन कर लिया

था। उनकी जिज्ञासाओं का अंत नहीं था और वह अपने ढंग से उनका समाधान करता था। इसके साथ ही यह भी सत्य था कि सुखदेव पर अपने ताऊजी का बहुत प्रभाव पड़ा था। निडर, जिज्ञासु और सामाजिक चिंताराम थापर के इन गुणों को सुखदेव ने आत्मसात् कर लिया था।

सुखदेव की क्षमता और मानसिकता का पता इस घटना से चलता है। दीपावली का समय था। बाजारों में खूब चहलकदमी थी। बच्चों के लिए तो यह त्योहार वैसे भी अधिक प्रिय होता है। फुलझड़ियों, चकरियों और पटाखों के लिए इस त्योहार की प्रतीक्षा बच्चों को अधिक रहती है। सुखदेव भी अपने भाई-बहनों के साथ बाजार आ गए। वहाँ और भी बच्चे थे। सुखदेव ने देखा कि बच्चों का रूझान फुलझड़ियों व पटाखों के साथ देवी-देवताओं की आकर्षक तसवीरों में था। कोई गणेशजी की तसवीर खरीद रहा था तो किसी ने लक्ष्मीजी की तसवीर खरीदी।

सुखदेव बहुत समय तक खड़े देखते रहे।

"अरे भाई! तुझे कुछ लेना है कि ऐसे ही भीड़ बढ़ा रहा है," दुकानदार ने सुखदेव से कहा, "सबने खरीद लिया, एक तू ही खड़ा है।"

"मुझे यह तसवीर चाहिए।"

सुखदेव ने झाँसी की रानी लक्ष्मीबाई की तसवीर की ओर उँगली उठाई।

"कमाल है!" दुकानदार हैरान होकर बोला, "आज तो सभी गणेश और लक्ष्मी की तसवीरें खरीद रहे हैं और तू है कि···मुझे क्या···ये ले।"

सुखदेव का मुख उस तसवीर को पाकर देदीप्यमान हो उठा था। वे घर आ गए और वह तसवीर अपनी माँ को दिखाई।

"माँ! ये झाँसी की रानी हैं। इन्होंने कहा था न कि मैं अपनी झाँसी नहीं दूँगी और अंत समय तक अंग्रेजों से लोहा लिया।" सुखदेव ने गर्व से कहा, "मैं भी इनकी तरह अंग्रेजों से लड़ूँगा।"

माँ ने अपने लाडले के गर्व से भरे चेहरे को देखा और उसे अपनी गोद में उठा लिया। दरवाजे पर खड़े ताऊजी का चेहरा गर्व से खिल उठा था। यह देशभक्ति के जज्बे का उदाहरण था, जो सुखदेव में बचपन से ही कूट-कूटकर भरी थी। चिंताराम को सुखदेव में एक महान् देशभक्त की छवि दिखाई दे रही थी।

सुखदेव का साहस भी अविस्मरणीय था। उनमें त्वरित निर्णय लेने की गजब क्षमता थी। निर्णय भी सटीक एवं सफल।

एक बार सुखदेव अपनी आयु के बच्चों के साथ घर के पास के मैदान में खेल

रहे थे। मैदान में एक ओर एक कुआँ था। कुछ बच्चे कुएँ पर भी बैठे थे। अचानक एक बच्चा कुएँ में गिर गया। यह देख अन्य बच्चे डर के मारे चीखने लगे।

"अरे देखो, वह…वह कुएँ में गिर गया…कोई बचाओ उसे।"

तभी सुखदेव बड़ी फुरती से अपने घर गए और रस्सी ले आए।

उन्होंने रस्सी को कुएँ में लटका दिया।

"अरे, यह रस्सी पकड़ ले।" सुखदेव ने कहा।

बच्चा पानी में गोते खा रहा था। जब उसे रस्सी मिली तो उसने उसे पकड़ लिया। तब तक वहाँ कई आदमी आ गए थे। बच्चे को कुएँ से बाहर निकाल लिया गया। सबने सुखदेव की भूरि-भूरि प्रशंसा की। त्वरित निर्णय और सटीक क्रियान्वयन की यह अद्‌भुत मिसाल थी। जब माँ और ताऊजी ने इस घटना के बारे में सुना तो वे गर्व से फूले न समाए। सारे मोहल्ले में सुखदेव की प्रशंसा हो रही थी।

सुखदेव के साहस की कहानी यही नहीं है। उनका साहस तो समय-समय पर बचपन में ही दिखाई देता रहा था। अन्याय को सहना कभी उन्हें पसंद नहीं था। गरीब और निर्बल की सहायता करना उन्हें सबसे बड़ा पूण्य का काम लगता था।

विद्यालय में सुखदेव की गिनती होनहार छात्रों में होती थी और अधिकांश छात्र उनकी सहायता लेते थे। विद्यालय में कुछ ऐसे उद्‌दंड लड़के भी थे, जो समूह में रहकर अन्य लड़कों को परेशान करते रहते थे। इस समय सुखदेव की आयु नौ वर्ष थी और वे चौथी कक्षा में पढ़ते थे। विद्यालय में हीरानंद नाम का एक छात्र था। वह सरल स्वभाव का लड़का था और अपनी पढ़ाई पर अधिक ध्यान देता था।

उद्‌दंड लड़कों का समूह हीरानंद को परेशान करने लगा। कभी वे लड़के उसका रास्ता रोककर खड़े हो जाते तो कभी उसकी किताब छीन लेते और कई बार तो उसकी पिटाई भी कर देते। यहाँ तक की इस मारपीट और अपमान के भय से हीरानंद ने विद्यालय आना ही बंद कर दिया। कुछ दिन बाद सुखदेव ने इस बात पर ध्यान दिया कि हीरानंद विद्यालय नहीं आ रहा। इस संबंध में उन्होंने सहपाठियों से पूछा, "अरे, हीरानंद विद्यालय क्यों नहीं आता? क्या वह अस्वस्थ है?"

"अरे नहीं, उस बेचारे को यहाँ पढ़ने ही नहीं दिया जाता," एक सहपाठी ने बताया, "कुछ शरारती लड़के उसे बहुत परेशान करते हैं। कई बार तो उन्होंने उसकी पिटाई भी कर दी। बस, तभी से विद्यालय नहीं आता।"

यह सुनते ही सुखदेव की आँखें क्रोध के कारण लाल हो गईं।

"कौन हैं वे लड़के? मुझे नाम बताओ। मैं देखता हूँ कि वे कितने बड़े शरारती हैं। इस प्रकार किसी सीधे लड़के को परेशान करके उसकी पढ़ाई छुड़वा देना उचित

नहीं है।'' सुखदेव गुस्से में भरकर बोले।

''अरे, वे बहुत बदमाश हैं। किसी की नहीं सुनते।''

''सुनेंगे कैसे नहीं। अच्छा, तुम मुझे उनके नाम बताओ।''

सहपाठी ने उनके नाम बता दिए।

''कल तुममें से जो भी हीरानंद का पड़ोसी हो, उसे स्कूल लेकर आए और उसे यह भी बता दे कि सुखदेव के होते कोई उसे तिरछी नजर से भी नहीं देख पाएगा।''

अगले दिन हीरानंद डरा-सहमा विद्यालय आ गया। सुखदेव ने उसे अपने पास बिठाया और उसे समझाया।

''हीरानंद! आज से तुम मेरे मित्र हो। अब इस विद्यालय में तुम्हें जो भी तंग करेगा, उसे मैं देखूँगा। आओ मेरे साथ।''

''झगड़ा करने से क्या लाभ है मित्र!''

''अपने अधिकार के लिए झगड़ने में कोई हानि नहीं है। इस प्रकार तो हम निर्बल-के-निर्बल ही रह जाएँगे।''

हीरानंद सुखदेव के साथ चल दिया तो कुछ अन्य लड़के भी साथ चल दिए। सुखदेव सबसे आगे थे। शरारती लड़कों का समूह एक पेड़ के नीचे बैठकर गप्पे हाँक रहा था। सबको अपनी ओर आता देखकर उनमें कानाफूसी शुरू हो गई।

सुखदेव उनके सामने जाकर रुके तो उनमें कानाफूसी बंद हो गई और वे सुखदेव को घूरने लगे।

''क्या बात है सुखदेव? आज हीरानंद तुम्हारे साथ कैसे? हम तो कई दिन से इसकी प्रतीक्षा कर रहे थे।''

''हीरानंद मेरा मित्र है,'' सुखदेव ने दृढ़ स्वर में कहा, ''आज के बाद किसी ने इसे परेशान किया तो मुझसे बुरा कोई न होगा।''

''सुखदेव! हम तुमसे झगड़ा नहीं चाहते। हीरानंद हमारा मनोरंजन है। तुम्हें हमारे बीच आने की आवश्यकता नहीं।''

''मनोरंजन इस प्रकार नहीं किया जाता कि किसी की पढ़ाई में बाधा पड़े। हम सब यहाँ पढ़ने आते हैं। पता नहीं क्यों, तुम लोग पढ़ाई का महत्त्व नहीं जानते।''

''तू हमारे बीच मत आ।''

''अब तो मैं आ गया हूँ। मैंने हीरानंद को अपना मित्र बनाया है और मेरे मित्र की ओर कोई तिरछी नजर से देखे, यह मुझसे तो सहन नहीं होगा।''

''तो तू क्या करेगा हमारा।''

''यह तो तभी पता चलेगा, जब तुम इसे हाथ लगाओगे।''

वे पाँचों लड़के इसे अपना अपमान समझकर सुखदेव की ओर लपके तो सुखदेव ने बड़ी फुरती से दो लड़कों को दबोचकर नीचे जमीन पर गिरा दिया। गिरे हुए लड़कों की सुखदेव ने खूब जमकर पिटाई की। शेष तीन लड़के सहमे हुए खड़े थे और अपने साथियों की पिटाई देख वहाँ से भाग खड़े हुए।

''देखा तुमने कि तुम्हारे दोस्त कितने डरपोक निकले। तुम्हें पिटने के लिए छोड़ गए। अब क्या किया जाए तुम्हारा।''

''हम...हमें...हमें माफ कर दो सुखदेव! आज से हम कभी उनके साथ नहीं रहेंगे। हमें पता चल गया है कि सच्चा मित्र कैसा होता है। हमें भी अपना मित्र बना लो।'' दोनों लड़कों ने कहा।

''माफी मुझसे नहीं, हीरानंद से माँगों और वचन दो कि आगे से अपनी पढ़ाई पर ध्यान दोगे। किसी को तंग नहीं करोगे।''

''हीरानंद! हमें माफ कर दो। हम उन बुरे लड़कों के बहकावे में आ गए थे।''

''भाई! विद्यालय में हमें अनुशासन सिखाया जाता है, जो जीवन भर हमारे काम आता है। अनुशासनहीनता अपने साथ औरों की भी हानि करती है। माता-पिता हमें पढ़ने भेजते हैं, न कि बिगड़ने।'' हीरानंद ने कहा।

दोनों लड़के लज्जित हो गए। उन्होंने वचन दिया कि अब कभी वे ऐसा काम नहीं करेंगे और साथ ही वे अपने साथियों को भी समझाएँगे।

इस प्रकार सुखदेव के साहस ने विद्यालय में पनप रही अनुशासनहीनता को समाप्त कर दिया। हीरानंद सहित सभी सहपाठी सुखदेव का आदर व अनुसरण करते थे।

सुखदेव के हृदय में मानवता भी कूट-कूटकर भरी थी। यह बात तब सामने आई, जब सन् 1918 में पंजाब में भयानक महामारी फैल गई थी। हर नगर, शहर में हाहाकार मचा था। लायलपुर में भी यह स्थिति पैदा हो गई। लोग दूसरी जगह की ओर पलायन करने लगे। चिंताराम थापर ने भी स्थिति की गंभीरता को समझा और वहाँ से पलायन ही उचित समझा।

''हम सब लोग लायलपुर से चल रहे हैं। महामारी विकराल होती जा रही है। ऐसे में यहाँ रहना उचित नहीं है,'' चिंताराम ने परिवारवालों को बताया, ''मुसीबत बढ़े, इससे पहले उपाय करना उचित है।''

''ताऊजी!'' सुखदेव गंभीर स्वर में बोले, ''समस्या का समाधान पलायन नहीं होता, बल्कि उसका सामना करना होता है।''

"सुखदेव!" चिंताराम सकपकाए, "यह उस प्रकार की समस्या नहीं है। एक प्राकृतिक प्रकोप है। इसका उपाय यही है कि हमें यह नगर छोड़ देना चाहिए। जब सब ठीक हो जाएगा, तब हम लौटकर आ जाएँगे।"

"ताऊजी! क्या सारा नगर खाली हो जाएगा।"

"ऐसा...ऐसा तो नहीं है।"

"तो फिर मैं भी नहीं जाऊँगा। यह महामारी कितने निर्धन लोगों को तिल-तिल मारेगी, यह सोचकर मेरा हृदय काँप रहा है। ऐसे में उन जूझते लोगों को सहायता की आवश्यकता होगी और जो मदद करनेवाले हैं, वे सब पलायन कर जाएँगे। यह तो मानवता नहीं है।"

"सुखदेव! मैं तुम्हारी इस बात से सहमत हूँ, लेकिन... ।"

"ताऊजी! मैं तो यहाँ से नहीं जाऊँगा। आपने मुझे यही सिखाया है कि सेवा का अवसर मिलते ही सेवा करो। इससे अच्छा अवसर और कब मिलेगा। आप अन्य सभी को लेकर चले जाइए।"

"सुखदेव! मुझे तुझ पर गर्व है, लेकिन हमें जीवन के कुछ नियमों को मानना ही पड़ेगा। जीवन बचाने का उपाय करना भी मानवोचित है।"

"केवल अपना जीवन! और मैं आपकी इस बात से सहमत भी हूँ कि यहाँ सेवा करने के लिए पूरे परिवार की आवश्यकता नहीं है। मैं अकेला ही काफी हूँ। आप इन सबको ले जाइए।"

चिंताराम समझ गए कि सुखदेव अपनी जिद से टस-से-मस होनेवाले नहीं हैं। अत: निर्णय यह हुआ कि सुखदेव और उनकी माँ घर पर रहेंगे तथा अन्य सब जाएँगे। चिंताराम अन्य सभी सदस्यों को लेकर हरिद्वार चले गए। सुखदेव ने अपनी माँ को समझा दिया कि मानव सेवा सबसे बड़ा पुण्य धर्म है।

सुखदेव ने उसी दिन घर से बाहर जाकर महामारी का तांडव देखा। लोग चीख-पुकार कर रहे थे। उन्होंने यह भी देखा कि मानव सेवा करनेवालों की भी कोई कमी नहीं थी। उनका उत्साह बढ़ गया और वे 'बालसेवा समिति' के सदस्य बन गए। इस समिति में 20-30 छात्र थे। यह दल पीड़ितों को भोजन पहुँचाने और दवा पहुँचाने का कार्य करता था। सुखदेव भी तन्मयता से काम में जुट गए।

इसके अलावा सुखदेव के एक अन्य चाचा बलिराम थापर ने भी एक सेवा समिति बना रखी थी। यह समिति बीमारी से मृत हुए लोगों का अंतिम संस्कार करती थी। सुखदेव ने भी अपने चाचा के साथ मिलकर इस कार्य में बढ़-चढ़कर सहयोग किया।

महामारी का समय गुजर गया। सुखदेव ने पीड़ितों की पूर्ण सेवाभाव से सेवा की। माँ के आशीर्वाद से उन्हें कुछ भी न हुआ तो उनके हृदय में यह संकल्प और भी दृढ हो गया कि भगवान सेवा करनेवालों की रक्षा स्वयं करता है, जिससे उनकी सेवा अधिक-से-अधिक पीड़ितों को मिल सके।

इस महामारी के बाद लायलपुर में शांति स्थापित हुई। थापर परिवार सहित अन्य परिवार भी अपने घर को लौट आए। लाला चिंताराम ने गर्व से सुखदेव की पीठ ठोकी और उनकी सेवा तथा साहस की भूरि-भूरि प्रशंसा की। सुखदेव भी भाई-बहनों से मिलकर बहुत प्रसन्न हुए।

अब चिंताराम जब भी नगर भ्रमण पर जाते, तो सुखदेव को अपने साथ अवश्य ले जाते। सुखदेव उन्हें रास्ते भर स्थान-स्थान पर महामारी की विभीषिका का वर्णन करते जाते। एक विशेष बात चिंताराम ने यह भी देखी कि सुखदेव अपने सेवाकार्य से नगर भर में पहचाने जाने लगे थे। बहुत से आदमी और बच्चे उन्हें देखकर मुसकराने लगते थे। यह देख चिंताराम गर्व का अनुभव करते थे।

एक दिन बाजार में चिंताराम को अपने पड़ोसी पंजाब राय मिले, जो बहुत उदास दिख रहे थे। उस समय सुखदेव भी चिंताराम के साथ थे।

''क्या बात है पंजाब रायजी?'' चिंताराम ने पूछा।

''क्या बताऊँ लालाजी! भगवान् का कहर टूट पड़ा।''

''अरे, हुआ भी क्या?''

''मेरा बेटा महामारी की चपेट में आ गया। चेचक ने उसकी नेत्रज्योति छीन ली। उसने अभी एम.ए. पास किया था। आशा थी कि वह किसी अच्छे पद पर नौकरी करेगा, लेकिन सब व्यर्थ। अब उसी की चिंता खाए जाती है।''

''चिंता की बात तो है ही। भगवान भी विचित्र लीला करता है।''

''अब वह स्वयं भी घोर निराश हो चुका है। चेचक के कारण कोई उससे मिलने तक नहीं आता। बस, घर में ही बंद सा रहता है। भगवान् न करे कि किसी दिन उसकी निराशा उसे जीवन से ही निराश न कर दे।''

''ऐसा विचार मत कीजिए। भगवान पर भरोसा रखें।''

सुखदेव वहीं निकट बैठे उनकी बातें सुन रहे थे। उन्होंने उसी क्षण संकल्प लिया कि वे उस योग्य शिक्षित नेत्रहीन को इस प्रकार निराशा के अंधकार में नहीं जाने देंगे। उन्होंने अपना इरादा अपने ताऊजी को बताया तो वे गर्व से भर उठे। उन्होंने सुखदेव को वह पुण्य कार्य करने की अनुमति दे दी।

अगले दिन सुखदेव पंजाब राय के घर पहुँच गए और उनके बेटे धनपत राय से मिले। धनपत राय उन्हें जानता था। उनके आने से उसे बहुत खुशी हुई। उनके बीच बातें होने लगीं। सुखदेव की बातों से धनपत राय को बड़ी शांति मिली। अब उसकी निराशा के बादल छँटने लगे। यह तय हुआ कि अब सुखदेव वहाँ रोज आया करेंगे और अपनी किताबें भी साथ लाएँगे। धनपत राय उन्हें पढ़ाता और सुखदेव अपनी विचारपूर्ण बातों से उसकी हौसलाअफजाई करते। कहने को तो सुखदेव आयु में उनसे छोटे थे, लेकिन उनकी भाषा शैली और बातों की गहराई ने धनपत राय को बहुत प्रभावित किया। दोनों में आत्मीय लगाव हो गया था। अब सुखदेव धनपत राय को बाहर भी घुमाने ले जाते। इससे धनपत राय का आत्मविश्वास बढ़ा। सुखदेव के साथ ही कुछ अन्य लड़के भी धनपत राय के पास पढ़ने के लिए आने लगे। कुछ ही दिनों में धनपत राय का घर पाठशाला बन गया। सुखदेव के इस कार्य की सबने प्रशंसा की।

''लालाजी!'' पंजाब राय ने नम आँखों से कहा, ''आपका सुखदेव साधारण नहीं है। आयु में भले ही यह छोटा है, लेकिन इसकी विलक्षण बुद्धिमत्ता के सामने मैं नतमस्तक हूँ। इसने मेरे धनपत राय के अँधेरे जीवन में प्रकाश कर दिया। आज वह जीवन का लक्ष्य पा गया। ऐसा सुपुत्र ईश्वर सबको दे। देखना, आपका सुखदेव एक दिन संसार में आपका और आपके वंश का नाम उज्ज्वल करेगा।''

चिंताराम का सीना गर्व से भर उठा था। यह बात वे स्वयं भी जानते थे कि सुखदेव साधारण बालक नहीं है, लेकिन जब यही बात उन्हें औरों के मुँह से सुनने को मिलती तो वे गर्व से भर उठते। अपने वंश में सुखदेव का जन्म उन्हें दैवीय कृपा जैसा लगा।

सन् 1919 में जलियाँवाला बाग में जनरल डायर के आदेश पर अंग्रेज सिपाहियों ने निहत्थे एवं निर्दोष लोगों पर गोलियाँ चलाईं, जिसमें भीषण नरसंहार हुआ। इससे सारे देश में शोक की लहर दौड़ गई। जगह-जगह पर इस नरसंहार के विरोध में प्रदर्शन किए जाने लगे। ब्रिटिश सरकार विरोधी नारे गूँजने लगे। ब्रिटिश सरकार ने सारे प्रांत में मार्शल लॉ लगा दिया। चारों ओर अंग्रेज सिपाहियों को तैनात कर दिया गया। नगर के प्रमुख गण्यमान्य व्यक्तियों ने इस नरसंहार की भर्त्सना की, जिनमें लाला चिंताराम भी थे। पुलिस ने उन्हें गिरफ्तार कर जेल भेज दिया। इस घटना ने सुखदेव के बालमन को बड़ी पीड़ा दी और उनके हृदय में उसी क्षण से अंग्रेजों के प्रति घृणा उत्पन्न हो गई।

उस समय ब्रिटिश सरकार दमन नीति से भारतीयों में दासता को सहज स्वीकार करने की प्रवृत्ति भर देना चाहती थी। इसके लिए प्रत्येक नगर, गाँव में यूनियन जैक (ब्रिटिश झंडा) फहराया जाने लगा और सबको उसे सलामी देना अनिवार्य कर दिया गया। लायलपुर में तैनात अंग्रेज अधिकारी ने सनातन धर्म कॉलेज में यह कार्यक्रम रखा। अन्य सभी विद्यालयों के छात्रों को भी वहीं बुलाया गया। यूनियन जैक के पास अंग्रेज अधिकारी खड़ा था और बच्चे उसे सलाम कर रहे थे। वहाँ एक बच्चा ऐसा भी था, जिसने निर्भय एवं निर्विकार भाव से खड़े रहकर अभिवादन नहीं किया। अंग्रेज अधिकारी ने उसे देखा तो उसकी भृकुटि तन गई। उसने तभी अध्यापक को संकेत किया।

''अरे सुखदेव! झंडे का अभिवादन करो।'' अध्यापक ने कहा।

''मैं विदेशी झंडे और विदेशी लोगों का अभिवादन नहीं करूँगा।'' सुखदेव ने निर्भय होकर कहा तो सब स्तब्ध रह गए।

''ऐसा नहीं कहते बेटा! चलो, अभिवादन करो।''

''नहीं, मैं ऐसा नहीं कर सकता।''

यह देख अंग्रेज अधिकारी गुस्से से भड़क उठा।

''इस बच्चे को इस विद्यालय में नहीं होना चाहिए।'' अंग्रेज अधिकारी तमतमाकर बोला।

''साहब! बच्चा है,'' मुख्य अध्यापक ने विनीत स्वर में कहा, ''दया करें। मैं उसे अभी समझाता हूँ। बेटा सुखदेव! साहब नाराज हो रहे हैं। चलो अभिवादन करो।''

''मैं अभिवादन नहीं करूँगा।''

सुखदेव का निर्भय हठ देखकर सब हक्के-बक्के रह गए। अध्यापक ने सुखदेव का कान उमेठा। उनके हाथ पर डंडे मारे गए, लेकिन उन्होंने अभिवादन नहीं किया। उस अंग्रेज अधिकारी का क्रोध भी सुखदेव को नहीं विचलित कर सका। अंततः वह अंग्रेज अधिकारी वहाँ से पैर पटकता हुआ चला गया।

शाम तक यह बात सारे नगर में चर्चा का विषय बन गई थी।

कहीं सुखदेव के साहस की प्रशंसा हो रही थी तो कहीं उनके अहित की आशंका से भी लोग भयभीत थे।

''माँ! अंग्रेजी झंडे का अभिवादन नहीं किया,'' सुखदेव ने दृढ़ता से कहा, ''और जब तक जीवित रहूँगा, तब तक किसी अंग्रेज का अभिवादन नहीं करूँगा।''

''मुझे तुम पर गर्व है बेटा!'' माँ रल्ली देई ने गर्व से कहा।

इस घटना से यह संकेत मिलता है कि विधि ने भारतीय क्रांति के इस नायक को किशोरावस्था में ही क्रांतिपथ के लिए चुन लिया था। सुखदेव ने भले ही सशस्त्र क्रांति के समर्थक के रूप में कार्य को अंजाम दिया, लेकिन उनके अर्थ में क्रांति का रूप अन्याय का समूल नाश ही था।

जब सुखदेव सनातन धर्म कॉलेज में पढ़ते थे तो एक विद्रूपपूर्ण व्यवस्था उन्होंने वहाँ भी देखी। शिक्षा के समान अधिकारों का वहाँ हनन हो रहा था। हरिजन वर्ग को विद्यालय में प्रवेश नहीं दिया जाता था। सुखदेव ने इस संबंध में जानकारी प्राप्त की तो उन्हें अत्यंत भयानक सत्य का पता चला कि केवल उनके विद्यालय में ही नहीं, बल्कि सभी धार्मिक व सरकारी स्कूलों में हरिजन छात्रों की शिक्षा प्रतिबंधित थी। सुखदेव को यह अन्यायी व्यवस्था अच्छी नहीं लगी, लेकिन वे इसमें कैसे परिवर्तन कर सकते थे। अंततः उन्होंने अपनी ओर से कुछ करने का प्रयास किया। वे स्वयं किताबें व कलम लेकर समीप के गाँव हरचरण सिंह पुरा में गए और वहाँ हरिजनों के बच्चों को पढ़ाने लगे। उनके इस काम की सराहना हुई और इसमें उन्हें अपने ताऊजी का समर्थन भी मिला।

इस प्रकार पता चलता है कि सुखदेव के मन में सदैव ही समाजवाद के संस्कार थे। सबको समान अधिकार प्राप्त हो, यही उनकी हार्दिक इच्छा थी। इस भावना के अंतर्गत ही वे परिवार में भी समान अधिकारों की ही बात करते थे।

□

नेशनल कॉलेज में

सुखदेव ने सन् 1922 में सनातन धर्म कॉलेज से मैट्रिक की परीक्षा उत्तीर्ण कर ली थी और अब उच्च शिक्षा के लिए लायलपुर में कोई कॉलेज नहीं था। सुखदेव ने इस संबंध में जानकारी प्राप्त की तो पता चला कि उच्च शिक्षा के लिए लाहौर में दो कॉलेज थे। इनमें डी.ए.वी. कॉलेज की स्थापना आर्य समाज द्वारा की गई थी और दूसरा कॉलेज नेशनल कॉलेज था, जिसकी स्थापना लाला लाजपत राय द्वारा की गई थी।

सुखदेव अब तक स्वतंत्रता संग्राम से परिचित हो चुके थे और उन्हें लाला लाजपत राय, महात्मा गांधी और चंद्रशेखर आजाद आदि के प्रयासों की जानकारी अपने ताऊजी से मिल गई थी। उन्होंने यह निश्चय कर लिया कि वे नेशनल कॉलेज में ही पढ़ेंगे, क्योंकि उन्हें सहज विश्वास था कि वह कॉलेज राष्ट्रभक्तों से सजा होगा। उस समय उनके ताऊजी चिंताराम अंबाला जेल में थे और इस संबंध में उनका निर्णय आवश्यक था। अत: अपनी माँ को साथ लेकर सुखदेव अंबाला जा पहुँचे और जेल में अपने ताऊजी से भेंट की। सींखचों के पीछे अपने ताऊजी को देखकर सुखदेव का खून खौल रहा था। उनकी आँखों में विचित्र सा विद्रोह था।

''ताऊजी! अब मुझे और जयदेव को आगे की पढ़ाई कहाँ करनी है ?'' सुखदेव बोले, ''अब प्रवेश प्रारंभ हो रहे हैं।''

''उच्च शिक्षा के लिए तो लाहौर ही जाना होगा। वहाँ डी.ए.वी. कॉलेज है, जिसका शिक्षा स्तर और वातावरण दोनों ही अच्छे हैं। वहाँ हमारे कुछ परिचित भी हैं, जिनसे सहायता भी मिल जाएगी।'' चिंताराम ने बताया।

''ताऊजी! वहाँ नेशनल कॉलेज भी है। वह कॉलेज उन छात्रों के लिए है, जो ब्रिटिश शासन के स्कूल-कॉलेजों का बहिष्कार करते हैं।'' सुखदेव ने धीरे से अपने

मन की बात कह दी।

''हाँ, वह तो है, लेकिन तुम डी.ए.वी. में ही पढ़ोगे।''

''क्यों ताऊजी? क्या कोई विशेष कारण है?''

''सुखदेव! हर बात का कारण नहीं बताया जाता।'' चिंताराम ने कहा, ''हम तुमसे बड़े हैं और हमें तुमसे अधिक अनुभव भी है।''

''लेकिन ताऊजी! मेरी इच्छा नेशनल कॉलेज में पढ़ने की है। डी.ए.वी. कॉलेज अच्छा है, लेकिन नेशनल कॉलेज भी तो बुरा नहीं है।''

''सुखदेव! हमें आर्य समाज द्वारा स्थापित कॉलेज अधिक उचित लगता है। नेशनल कॉलेज में पढ़ाई अकसर बाधित रहती है। वहाँ कांग्रेस द्वारा छात्रों को धरने और प्रदर्शनों में सम्मिलित किया जाता है।''

''यह तो कोई कारण नहीं हुआ ताऊजी! छात्र देश के भविष्य होते हैं और कांग्रेस देश की स्वतंत्रता के लिए जूझ रही है तो इसमें छात्रों का सहयोग भी आवश्यक है। देश की यही आवश्यकता है कि युवा वर्ग महात्मा को समर्थन दे, फिर आप मुझसे यह अवसर क्यों छीन रहे हैं।''

चिंताराम समझ गए कि सुखदेव ने अब देश सेवा का संकल्प ले लिया है। उन्हें इस बात से कोई नाराजगी नहीं थी, लेकिन उनका भय अलग था और उसे वे व्यक्त नहीं कर सकते थे। वे अपने होनहार लाडले भतीजे को देश सेवा से नहीं रोक सकते थे, लेकिन देश सेवा की एक राह उन्हें भयभीत कर रही थी।

''ताऊजी! अगर आप मुझे नेशनल कॉलेज में पढ़ने की अनुमति नहीं देते हैं तो मैं नहीं पढ़ूँगा। दुकान सँभाल लूँगा।''

''सुखदेव! तू...तू...यह क्या कह रहा है।''

''यही मेरा निर्णय है ताऊजी! आज आप इस जेल में क्यों हैं? एक अन्यायी व्यवस्था के अन्यायी निर्णय से ही तो हैं। कल मेरे साथ भी यही होगा। अकारण ही मुझे भी जेल में बंद कर दिया जाएगा। क्या यह अन्यायी शासन सदैव रहना चाहिए। अगर गांधीजी और लाला लाजपतराय इसे बदलने का प्रयास कर रहे हैं तो क्या हमें उनका समर्थन नहीं करना चाहिए।''

''जैसी तुम्हारी इच्छा! हाँ, इतना ध्यान रहे कि तुम हमारे परिवार में सर्वाधिक प्रिय हो। कोई ऐसा कदम न उठाना, जिससे हमें कष्ट हो।''

चिंताराम समझ रहे थे कि सुखदेव ने देश सेवा का संकल्प ले लिया है और अब वे इस संकल्प से टस-से-मस नहीं होंगे। उन्होंने सुखदेव को नेशनल कॉलेज में

पढ़ने की अनुमति दे दी।

सुखदेव बहुत प्रसन्न थे। उन्होंने घर आकर जयदेव को यह शुभ समाचार सुनाया। जयदेव की भी यही इच्छा थी। बहन गौरा भी बहुत प्रसन्न थी कि अब उसके भाई उच्च शिक्षा के लिए जा रहे थे।

"भैया! पढ़-लिखकर जब कोई अच्छी नौकरी पाओगे तो अपनी बहन को क्या दोगे?" गौरा ने पूछा।

"और क्या देगा, तेरे लिए एक सुंदर सी भाभी लाएगा।" माँ ने हँसते हुए कहा।

"अभी इस प्रकार की चर्चा क्यों माँ?" सुखदेव भन्ना गए।

"चर्चा क्यों नहीं! अरे, हम सब तेरे अपने हैं और हम सबकी इच्छा है कि तुझे दूल्हा बनकर घोड़ी पर चढ़ते हुए देखें।"

"माँ! मैं घोड़ी पर नहीं, फाँसी पर चढ़ूँगा।" सुखदेव यह कहते हुए बाहर चले गए। माँ सहित सब सन्न रह गए।

"इससे तो कोई बात करना भी अपने सिर में दर्द करना है। कभी सीधे मुँह बात ही नहीं करता।" माँ भन्नाकर बोली।

कौन जानता है कि कई बार आदमी की जिह्वा एक कठोर सत्य का उद्गार करती है। सुखदेव की जिह्वा ने भी यही किया था। राह तो उन्हें मिल ही चुकी थी। अब वे धीरे-धीरे उस पर बढ़े चले जा रहे थे।

सुखदेव और जयदेव ने नेशनल कॉलेज में दाखिला ले लिया। कॉलेज का प्रबंधन उस समय भाई परमानंद कर रहे थे। कॉलेज के प्रिंसिपल आचार्य जुगल किशोर थे। भाई परमानंद राजनीतिक विद्रोह के लिए काले पानी की सजा काट चुके थे। उन्होंने छात्रों को काले पानी की सजा के दौरान व्यतीत किए जेल जीवन का वर्णन सुनाया। जेलों में हो रहे अमानुषिक अत्याचारों से परिचित होते छात्र ब्रिटिश सरकार के विरुद्ध नारेबाजी करते।

सुखदेव ने नेशनल कॉलेज का भली-भाँति निरीक्षण कर लिया था और वे जान गए थे कि वहाँ देश सेवा के लिए युवाओं को प्रेरित करने का महान् कार्य किया जाता था। कॉलेज में इतिहास के प्रोफेसर जयचंद्र विद्यालंकार की ओजस्वी वाणी से भारत के इतिहास और वर्तमान का वर्णन छात्रों को सोचने पर विवश कर देता था।

सुखदेव ने एक वर्ष में ही कॉलेज की गहन जानकारी ले ली थी। कॉलेज के पुस्तकालय में दुर्लभ क्रांतिकारी साहित्य उपलब्ध था। इस साहित्य को सुखदेव ने पढ़ा और उनके अशांत मन में विद्रोह की भावना और भी प्रबल हो उठी। अब

केवल मार्ग पर चलने भर के लिए अवसर की प्रतीक्षा थी।

अगले वर्ष नेशनल कॉलेज में ऐसी आँधी ने कदम रखा, जिसने अपने कारनामों से ब्रिटिश सरकार को हिलाकर रख दिया। यह सरदार भगत सिंह थे। जैसे सब कुछ पूर्व निश्चित था। सुखदेव और भगत सिंह दोनों ही निर्भय, निडर और साहसी देशभक्त थे। दोनों की विचारधारा समान थी। अत: उनमें मित्रता भी शीघ्र ही हो गई। कौन जानता था कि दोनों ऐसे धधकते शोले थे, जिनकी तपिश से ब्रिटिश सरकार झुलस जानेवाली थी। दोनों बैठकर राष्ट्रीय क्रांति के विषय में बहुत देर तक बातचीत करते। कॉलेज में अधिकांश समय दोनों इसी विषय पर चर्चा करते हुए बिताते थे।

कॉलेज में छात्रावास की सुविधा नहीं थी। सुखदेव पिछले वर्ष तक 'शीशमहल बोर्डिंग हाउस' में रहते थे, लेकिन बाद में उन्होंने अपना आवास बदल दिया। अब वे 'शाह आलमी दरवाजा' में एक मकान किराए पर लेकर रहने लगे थे। यहाँ उनके साथ मथुरादास थापर, जो उनके छोटे भाई थे, भी रहते थे। यह मकान उस स्थिति में था कि वहाँ पर सुखदेव के मित्र आते तो उन्हें कोई असुविधा नहीं होती थी। भगत सिंह तो लगभग रोज ही आते थे। उनके बीच बहुत समय तक गुप्त मंत्रणाएँ चलती रहती थीं। उनका मुख्य विषय क्रांति होता था। निकट ही रामकिशन नामक एक ढाबा संचालक थे, जिनके ढाबे पर वे भोजन किया करते थे। भगत सिंह भी सुखदेव की भाँति अपना लक्ष्य लेकर नेशनल कॉलेज में आए थे।

भगत सिंह ने शीघ्र ही जान लिया कि सुखदेव क्रांति के मार्ग पर चलने की सभी बौद्धिक तैयारियाँ कर चुके थे। सुखदेव के कमरे की अलमारी इस तैयारी का प्रमाण थी, जो एक प्रकार से मिनी लाइब्रेरी थी। उसमें से पाठ्यपुस्तक तो सर्वदा नदारद थीं। उस लाइब्रेरी में विश्व की महत्त्वपूर्ण क्रांतियों के इतिहास, राजनीति शास्त्र, समाज शास्त्र और भिन्न-भिन्न विद्रोहों की पुस्तकें थीं। कार्ल मार्क्स, मैक्सिम गोर्की, लियो टॉलस्टॉय जैसे विश्वप्रसिद्ध लेखकों और चिंतकों की पुस्तकें थीं। भगत सिंह की भी ऐसे ही साहित्य में रुचि थी। अत: उन्होंने समझ लिया कि सुखदेव के साथ मिलकर कुछ-न-कुछ अवश्य ही किया जा सकता है।

सुखदेव और भगत सिंह के बीच अतीत में हुए विद्रोहों पर चर्चा होती रहती। लाला लाजपतराय से भी वे बहुत प्रभावित थे। अंग्रेजों का निडरता से विरोध करनेवाले लाजपतराय का स्वतंत्रता के लिए संघर्ष प्रेरित करनेवाला था। सुखदेव तो उनके चित्र को अपने कमरे में भी रखते थे। दोनों जब भी बातचीत करते तो

वह बात अकसर सामने आती कि क्रांति के मार्ग पर दृढ़ता और यातनाओं की सहनशीलता का विशेष महत्त्व है। पकड़े जाने पर जो दुर्गति होती है, उसे सहन कर पाना हर किसी के वश में नहीं होता। सुखदेव कभी भी ऐसी चुनौतियों को स्वीकार करने में नहीं हिचके और उन्होंने मन-ही-मन अपनी सहनशक्ति की परीक्षा लेने का संकल्प ले लिया। अब उन्हें अवसर की प्रतीक्षा थी, जो एक दिन वह भी मिल गया।

एक दिन सुखदेव लायलपुर से लाहौर जा रहे थे। जब वे रेलवे स्टेशन पर पहुँचे तो रेल छूट चुकी थी। सुखदेव दौड़कर एक डिब्बे में चढ़ गए, जिसमें कैदियों को ले जाया जा रहा था। उस डिब्बे में कुछ अंग्रेज सिपाही भी थे। सुखदेव कुछ देर तक तो कुछ समझ नहीं पाए और एकटक हथकड़ियों में जकड़े कैदियों को देखते रहे। इससे सैनिकों को, सिपाहियों को उन पर शंका हुई। उन्होंने समझा कि वह क्रांतिकारी अपने बंदी साथियों को छुड़ाने आया है।

''कौन है तू? इन्हें छुड़ाने आया है?'' एक सिपाही ने पूछा।

सुखदेव कुछ न बोले और पुलिसवालों को घूरते रहे। अत: उन्हें पकड़ लिया गया और पूछताछ होने लगी। सुखदेव ने न बोलने की ढान ली थी, इसीलिए कुछ न कहा। पुलिसवालों का संदेह और भी पक्का हो गया। अब उन्होंने सख्ती से पूछताछ शुरू कर दी। सुखदेव को तो आज अवसर मिला था कि वे अपनी सहन शक्ति को परख सकें। इससे पुलिस अधिकारी आगबबूला हो उठा और उसने सुखदेव पर लात, घूँसों से मारपीट शुरू कर दी। जाने किस मिट्टी के बने थे सुखदेव कि मार खाते रहे, लेकिन कुछ न बोले। अंतत: उनके बैग की तलाशी ली गई, जिसमें कुछ कपड़े, पुस्तकें और खाने का सामान था। पुलिसवाले हैरान थे कि वह कैसा क्रांतिकारी था, जिसके पास हथियार के नाम पर सुई तक न थी और वह कैदियों को छुड़ाने के लिए आया था।

''य···यह गूँगा लगता है।'' तभी एक सिपाही बोला।

''हाँ, यह भी हो सकता है। क्यों बे, तू गूँगा है?''

''नहीं।'' सुखदेव ने जवाब दिया। सारा शरीर टूट गया था और होंठों से खून भी बह रहा था, लेकिन चेहरे से मुसकराहट नहीं गई थी।

''फिर तू कौन है?'' लगता तो कोई छात्र है।

''मैं छात्र ही हूँ। लाहौर जा रहा था। गाड़ी छूटी तो दौड़ा और इस डिब्बे में चढ़ गया।''

"अरे, तो बता नहीं सकता था। तुझसे पूछा तो था। क्या तुझे पिटने का शौक चढ़ा था?"

"ऐसा ही समझो। मैं देख रहा था कि मैं कितनी यातना सह सकता हूँ।"

"क्यों?"

"ऐसे ही। आजकल हम भारतीयों को अकारण ही यातनाएँ सहनी जो पड़ रही हैं। अत: मैं स्वयं को पहले ही तैयार कर रहा हूँ।"

"अकारण किसी को मार नहीं पड़ती।" पुलिस अधिकारी बोला, "जो सरकारी नीतियों का विरोध करते हैं, वही पिटते हैं।"

"जलियाँवाला बाग में वे बच्चे भी ऐसा ही कर रहे थे, जो सरकारी गोलियों का निशाना बने?" सुखदेव ने प्रश्न किया।

अंग्रेज अधिकारी निरुत्तर हो गया। लाहौर आने पर सुखदेव को उतार दिया गया। वे अपने कमरे पर पहुँचे जहाँ भगत सिंह पहले से ही मौजूद थे। सुखदेव की हालत देख सब चौंक पड़े। इस बारे में उनसे पूछा गया।

"मैं अपनी परीक्षा ले रहा था कि कभी पुलिस की मार खानी पड़ी तो हम कितनी मार सह सकते हैं।" सुखदेव ने बताया।

"तुम भी न···बस, अकारण ही उलझते हो," भगत सिंह ने कहा, "भाई मथुरा! अब इनकी चोटों पर तेल की मालिश करो।"

भगत सिंह ने मुँह से यह अवश्य कहा, लेकिन मन-ही-मन सुखदेव के समर्पण की समर्पण भावना पर श्रद्धा से नत हो गए। क्रांतिपथ पर ऐसे ही बहादुर वीरों की आवश्यकता थी, जो हँसते-हँसते इस पथ के घोर कष्टों को सह सकें।

उन्हीं दिनों भगत सिंह द्वारकादास लाइब्रेरी से एक पुस्तक लेकर आए थे। 'अनार्किज्म ऐंड अदर एसेज' नाम की यह पुस्तक क्रांति विषय पर बड़ी गंभीरता से प्रकाश डालती थी। सुखदेव ने भी इसे पढ़ा। दोनों ही इस पुस्तक से प्रभावित हुए और इस पर उनकी चर्चा कई महीनों तक चलती रही। दोनों ने अपने-अपने विचारों से पुस्तक के प्रत्येक शब्द की व्याख्या कर दी थी।

उसी समय भगत सिंह के विवाह की तैयारियाँ हो रही थीं, जबकि वे विवाह नहीं करना चाहते थे। माता-पिता का अधिक दबाव बढ़ा तो भगत सिंह ने पढ़ाई बीच में ही छोड़ पलायन कर लिया। वे कानपुर जा पहुँचे।

सुखदेव को इसकी जानकारी मिली तो उन्होंने भगत सिंह के जज्बे को सलाम किया। हाँ, उन्हें एक दु:ख यह हुआ कि वे रह गए, जबकि भगत सिंह विधिवत्

क्रांतिपथ पर चले गए। अब उनका जी भी पढ़ाई से उचटने लगा था। एक तो भगत सिंह से बिछोह की पीड़ा थी और दूसरे हृदय में जल्दी-से-जल्दी कुछ करने का जज्बा था। उन्हें भी लगा कि अब पढ़ाई करते रहने से कोई लाभ नहीं था और मंजिल उन्हें पुकार रही थी। अपनी यह इच्छा उन्होंने एक दिन अपने ताऊजी को बता दी, जो जेल से छूटकर आ गए थे।

''ताऊजी! अब मैं आगे नहीं पढ़ना चाहता।'' सुखदेव बोले।

''ऐसा क्यों सुखदेव?''

''मेरा मन अब पढ़ाई में नहीं लग रहा।''

''सुखदेव!'' चिंताराम ने गंभीरता से कहा, ''मैं तुम्हें पढ़ाई छोड़ने की सलाह दूँगा! आज के समय में शिक्षा का बड़ा महत्त्व है और आवश्यकता भी। देश सेवा के लिए भी शिक्षा की आवश्यकता होगी। लाला लाजपतराय, सरदार पटेल, महात्मा गांधी और नेहरूजी भी उच्च शिक्षित हैं तथा स्वतंत्रता आंदोलन में अग्र पंक्ति के नायक हैं। सरकार उनकी बात गंभीरता से सुनती है।''

''लेकिन ताऊजी! इस समय घर की आर्थिक स्थिति भी तो ऐसी नहीं रही।''

''मैं समझ रहा हूँ कि मेरे जेल प्रवास से हमारा व्यापार मध्यम हो गया है, लेकिन इस ओर से तुम्हें चिंतित होने की आवश्यकता नहीं है। अब मैं आ गया हूँ और सब सँभाल लूँगा। हमें तुमसे बहुत आशाएँ हैं और वे आशाएँ उच्च शिक्षा से ही पूरी होंगी। अत: अपनी पढ़ाई पर अपना ध्यान केंद्रित रखो।''

सुखदेव ने इस संबंध में बहुत विचार किया और उन्हें मानना पड़ा कि तायाजी बिल्कुल ठीक कह रहे थे। उन्होंने पढ़ाई जारी रखी, लेकिन अपनी पाठ्य पुस्तकों की बजाय उन्होंने क्रांतिकारी साहित्य पर अधिक ध्यान दिया। उन्होंने सदैव की भाँति द्वारिकादास लाइब्रेरी से क्रांतिकारी साहित्य और राजनीति की पुस्तकें पढ़ीं। स्वयं उनके कमरे में यही सब पुस्तकें थीं और उनके साथ क्रांतिकारियों की बैठकें होती रहती थीं। इस संबंध में उनके भाई मथुरादास थापर ने 'अमर शहीद सुखदेव' नामक पुस्तक में लिखा भी है—

''सुखदेव से मिलने अनेक साथी आते थे, जिनमें भगत सिंह प्रमुख थे। यशपाल भी आते थे और भी कई अन्य मित्र आते थे, जो जब भी आते तो किसी विषय पर गंभीर मंत्रणा करते। तब मुझे जरा भी संदेह नहीं था कि ये सब एक क्रांतिकारी दल से जुड़े हैं। सुखदेव की अलमारी में सैकड़ों पुस्तकें थीं, जिनमें से एक-दो का नाम ही मुझे याद है। रोपशिन की 'एशियन डेमोक्रेसी', मैक्सिबिनी की 'प्रिंसिपल ऑफ

फ्रीडम' और बुखारिन की 'हिस्टोरिकल मैटिरियलिज्म' आदि थीं। इन सबमें मुझे 'अनार्किज्म ऐंड अदर एसेज' कुछ अधिक ही गंभीर पुस्तक लगी, क्योंकि इस पुस्तक पर विचार-विमर्श करने में सुखदेव और भगत सिंह महीनों तक उलझे रहे।''

सुखदेव क्रांति से जुड़ चुके थे, यह बात तो उनके ताऊजी चिंताराम जान चुके थे, लेकिन क्रांति के इस पथ पर सुखदेव का जाना उन्हें भयभीत कर गया था। यह बात उन्हें तब पता चली, जब सुखदेव एक भारी-भरकम थैला लेकर गए। उन्होंने थैला रख दिया और बाहर चले गए। माँ ने उसे उठाकर दूसरी जगह रखना चाहा तो वह उनसे न उठा। उन्होंने थैले को खोलकर देखा तो सन्न रह गईं। थैले में एक पिस्तौल, कुछ कारतूस और कुछ मोटी किताबें थीं। रल्ली देई तो क्षण भर में ही सभी बुरी आशंकाओं से घिर गईं। सुखदेव का यह रूप उनकी कल्पना से भी परे था। वे हठी, साहसी और निडर थे, लेकिन ऐसे विप्लवी थे—इसकी कभी किसी ने कल्पना तक न की थी।

माँ रल्ली देई ने उसी समय ताऊजी को बुलाकर वह थैला दिखाया।

''सुखदेव की माँ! जिसका भय था, वही हो गया।'' चिंताराम ने कहा, ''हमारा सुखदेव अब ऐसे मार्ग पर चल पड़ा है, जहाँ से उसे लौटाया नहीं जा सकता।''

''अब...अब क्या होगा?''

''घबराओ मत और भगवान् से प्रार्थना करती रहो कि उसने जिस लाल को राष्ट्र सेवा के लिए चुना है, उसकी सदैव रक्षा करें। भूलकर भी तुम इस बात का जिक्र किसी से न करना। जो होना था, वह हो चुका।''

माँ ने हृदय पर पत्थर रख लिया। वे कमजोर हृदय की महिला नहीं थीं। उन्हें पता था कि भारत-माता की बेड़ियों को काटने के लिए कितनी ही माताओं ने अपने लाडलों का बलिदान कर दिया था और फिर स्वयं उन्होंने ही तो राष्ट्रप्रेम की यह भावना सुखदेव के हृदय में भरी थी। फिर भी एक माँ होने के नाते उन्हें डर लग रहा था।

दूसरी ओर सुखदेव नेशनल कॉलेज में अपने पथ पर अग्रसर होते जा रहे थे। उनके विचार और जज्बे ने लाइब्रेरी प्रबंधक राजाराम शास्त्री और प्रोफेसर जयचंद्र विद्यालंकार को विशेष प्रभावित किया। ये दोनों व्यक्ति उस परिसर में युवा क्रांति का निर्माण और संचालन करने में व्यस्त थे। प्रोफेसर जयचंद्र बंगाल की क्रांतियों से जुड़े थे। उन्होंने सुखदेव की उग्रता और दृढ़ता को समझा। उन्होंने बहुत ही योजनाबद्ध ढंग से सुखदेव को भारतीय स्थिति से परिचय कराया।

प्रोफेसर जयचंद्र ने अट्ठारहवीं शताब्दी के छिटपुट आंदोलन और ब्रिटिश सरकार के दमन एवं शोषण का इतने भव्य और गंभीर शब्दों में वर्णन किया कि सुखदेव का खून खौल उठा। सुखदेव से लेकर उस समय तक के महान् क्रांतिकारियों की शहादत के वर्णन ने सुखदेव को और भी उग्र कर दिया। सन् 1857 के स्वतंत्रता संग्राम की दहकती गाथा ने भी आग में घी का काम किया। सबसे बड़ी बात यह रही कि सुखदेव को इस सारे वर्णन का एक ही निचोड़ मिला कि असहयोग और अहिंसा केवल राजनैतिक अधिकारों की माँग को रख रहे आंदोलन थे, जो यदि अंग्रेजी लोग मान भी लेते तो इससे जनसाधारण को कोई लाभ नहीं था। स्वतंत्रता का अर्थ सत्ता में भागीदारी सुनिश्चित होने तक ही सीमित नहीं था, बल्कि इसका अर्थ तो निर्भय और समान समाज का निमार्ण था।

सुखदेव केवल जोशीले युवा नहीं थे, जो हाथ में पिस्तौल लेकर निकल पड़े और एक दानवी साम्राज्य को मिटाने का अकल्पनीय कार्य करते। उन्होंने हर प्रकार से सोचा और एक संगठनात्मक क्रांति की आवश्यकता को महसूस किया। एक ऐसी क्रांति, जो किसी व्यक्ति विशेष पर आधारित न हो। वे यह भी समझ रहे थे कि जब तक वैश्विक मंच पर ब्रिटेन की साम्राज्यवादी नीति का खुलासा नहीं होगा, तब तक यह स्वप्न पूरा नहीं होगा। इस कार्य के लिए एक सुदृढ़ योजना की आवश्यकता थी। योजना के क्रियान्वयन के लिए संगठन चाहिए था और सबसे अधिक आवश्यकता थी भगत सिंह की। सुखदेव की दृष्टि में भगत एक विलक्षण और बहुमुखी नायक थे, जो उनके विचारों से साम्य भी रखते थे तथा उन्हें और भी धारदार बना सकते थे।

इन सबके बीच एक और दुविधा भी थी, जो इस पथ को अधिक दुरूह बनाती थी। सन् 1919 में असहयोग आंदोलन, मार्शल लॉ और रौलेट ऐक्ट की कुछ ऐसी बंदिशें थीं, जो क्रांति को प्रभावित कर रही थीं। रौलेट ऐक्ट के प्रारूप ने तो सुखदेव की योजना को भी झकझोर दिया था। 'नो दलील, नो अपील और नो वकील' का समर्थन करती यह अंग्रेजी कानूनी धारा क्रांतिकारियों के लिए एक बड़ा संकट थी। इस धारा के अंतर्गत संदेह के आधार पर किसी को भी गिरफ्तार किया जा सकता था और जितने दिन चाहे रिमांड पर रखा जा सकता था तथा अदालत को यह अधिकार था कि वह क्रांतिकारी को अपराधी घोषित कर कड़े-से-कड़ा दंड दे सकती थी।

सुखदेव समझ गए थे कि ऐसी स्थिति में सशस्त्र क्रांति का पथ दुर्गम हो गया था और अब प्रत्येक कदम बहुत सँभलकर रखने की आवश्यकता थी। इससे पहले

सुखदेव और भगत सिंह ने 'हिंदुस्तान रिपब्लिकन एसोसिएशन' से भी जुड़कर महत्त्वपूर्ण कार्य किए थे। उन्होंने एक गुप्त सभा का गठन करके इस एसोसिएशन का पर्चा भी छापा था। इसने ब्रिटिश सरकार की ईंट-से-ईंट बजा दी थी, लेकिन जब इस संगठन पर दमन चक्र चला तो यह मृतप्राय हो गया था। काकोरी कांड के चार मुख्य आरोपियों को फाँसी पर चढ़ा दिया गया था और बहुत से क्रांतिकारी जेल में डाल दिए गए थे। चंद्रशेखर आजाद भूमिगत हो गए थे और नए सिरे से संगठन को सुदृढ़ करने के गुप्त प्रयास शुरू किए जा रहे थे।

सुखदेव ने इन सारी स्थितियों पर गंभीरता से विचार किया और यह निष्कर्ष निकाला कि सशस्त्र क्रांति की अवधारणा को जनमानस से जोड़ना आवश्यक है, तभी इस रौलेट ऐक्ट का सामना करना संभव है।

□

भारत नौजवान सभा

यह सन् 1926 की बात थी, जब भगत सिंह सुखदेव से आकर मिल गए। दोनों मित्र बहुत खुश थे। दोनों ने अपने अनुभव और विचारों को एक-दूसरे से बाँटा। भगत सिंह को सुखदेव की योजना एवं विचारों ने बहुत प्रभावित किया। यही वह योजना थी, जिसने भारतीय क्रांति को एक नई दिशा दी। इसके प्रणेता स्वयं सुखदेव थे। वैश्विक मंच पर अपनी बात को रखने का यह विचार सुखदेव ने युवा क्रांति को दिया था। साधारण जनमानस को इस क्रांति से जोड़ने की परिकल्पना का सूत्रपात सुखदेव ने किया। यह वह समय था, जब युवा क्रांतिकारियों को ब्रिटिश सरकार ने राजद्रोही, असामाजिक और लुटेरे आदि के विशेषणों से अलंकृत किया था। युवा क्रांति को अशांत और रक्तपातवाली क्रांति का नाम दिया गया था। विडंबना यह थी कि सरकार की इस अनीति का समर्थन अहिंसक आंदोलन भी कर रहा था।

सुखदेव ने योजनाबद्ध तरीके से आंदोलन की रूपरेखा तैयार कर ली और उनका समर्थन भगत सिंह, भगवतीचरण और यशपाल ने किया। योजना के अनुसार एक नए क्रांतिकारी गुप्त संगठन का गठन किया गया। 'नौजवान भारत सभा' नामक यह संस्था युवा क्रांति का खुला मंच था। इसके गठन में रामकिशन को इसका अध्यक्ष बनाया गया। भगत सिंह को महामंत्री का पद दिया गया। सुखदेव ने संस्था में कोई पद नहीं लिया, लेकिन सत्य यह था कि वे संस्था के मुख्य निर्देशक थे। वही संस्था के कार्यों की रूपरेखा तैयार करते थे और उनके सभी विचारों को सफल क्रियान्वयन की आवश्यकता होती थी तथा इसके लिए सुदृढ़ योजना आवश्यक थी। सुखदेव सहित सभी ने इस बात को समझा और सुखदेव को इसका दायित्व सौंपा गया, जिसका निर्वहन उन्होंने भली-भाँति किया।

नौजवान भारत सभा के तत्वाधान में जो प्रमुख कार्य था, वह स्वतंत्रता के शहीदों का जज्बा जनमानस के मन में उतारना था।

इसके लिए पर्चों, भाषणों और लेखों जैसे प्रभावी कदम उठाए गए। इनमें मैजिक लैटिन भी एक मुख्य कदम था। मैजिक लैटिन एक ऐसा प्रभावी कदम रहा, जिसने लाहौर में बहुत लोकप्रियता पाई। सुखदेव और भगत सिंह उस समय मुचलके पर थे तथा उस समय स्वयं इस कार्य में मुखर होने की स्थिति में नहीं थे। उनके निर्देश पर भगवतीचरण ने यह कार्य इतने प्रभावी ढंग से किया कि 'ब्रैडला हाउस' में आयोजित इस कार्यक्रम में तिल रखने तक की भी जगह नहीं थी। इससे ब्रिटिश सरकार घबरा गई और उसने पंजाब में निषेधाज्ञा लागू कर दी।

नौजवान भारत सभा को जिन उद्‌देश्यों में पिरोया गया था, वे स्पष्ट रूप से रूस की क्रांति से प्रेरित थे। सुखदेव आरंभ से ही रूस के महान् क्रांतिकारी लेनिन से बहुत प्रभावित थे। उन्होंने रूसी क्रांति का सूक्ष्मता से अध्ययन किया और इसके आधारभूत सिद्धांतों का विश्लेषण किया। इसी से उन्होंने निष्कर्ष निकाला कि क्रांति का उद्‌देश्य श्रमजीवी समाज का कल्याण होना चाहिए। समाजवाद सुखदेव की आरंभिक अवधारणा थी। इसी समाजवाद को उन्होंने नौजवान भारत सभा के उद्‌देश्यों में रखा। इस सभा के प्रमुख उद्‌देश्य निम्नलिखित थे, जिनसे समाजवाद की झलक स्पष्ट ही मिलती थी—

(1) भारत के किसानों और श्रमिकों का पूर्ण गणराज्य स्थापित करना।

(2) देश के युवा वर्ग में राष्ट्रीयता के आधार पर राष्ट्रप्रेम की भावना दृढ़ करना।

(3) स्वतंत्रता के सभी लक्ष्यों को प्राप्त करना, जिनमें राजनैतिक, आर्थिक सामाजिक स्वतंत्रता का समर्थन करना था।

इस नौजवान भारत सभा ने जो भी उद्‌देश्य रखे, वे सब साम्यवाद पर आधारित थे। इस संबंध में इस क्रांति के नायक शिववर्मा ने अपनी पुस्तक 'संस्मृतियाँ' में लिखा है—

"सुखदेव का कहना था कि अंग्रेजी पराधीनता के खिलाफ संघर्ष तो हमारे युद्ध का पहला चरण था। इस युद्ध की अंतिम लड़ाई तो शोषण के खिलाफ ही लड़नी होगी। यह शोषण चाहे मनुष्य द्वारा मनुष्य का हो या राष्ट्र द्वारा राष्ट्र का। इस युद्ध में जनमानस का सहयोग आवश्यक है, जिसके बिना इसकी सफलता की आशा नहीं की जा सकती। अत: यह आवश्यक है कि इस अवधारणा से हमें अधिक-से-अधिक जनता को जोड़ना होगा।"

समाजवाद और धर्मनिरपेक्षता इस सभा का प्रमुख लक्ष्य रहा तथा इसका आकर्षण भी स्पष्ट दिखाई दिया। इस अवधारणा से बहुत से लोग तो सक्रिय रूप में जुड़े और अनेक ने इसका अप्रत्यक्ष समर्थन किया। इस क्रांति सभा को अपना सक्रिय सहयोग देनेवालों में ऐसे क्रांतिकारियों के नाम थे, जिनके योगदान को क्रांति का इतिहास भुला नहीं सकता। कवि लालचंद 'फलक', अहसान इलाही, धन्वंतरी, केदारनाथ सहगल, मंसूर साहब, मुंशी अहमद्दीन, सैफुद्दीन किचलू, छबीलदास और पिंडीदास जैसे उग्रदलीय लोगों का इस सभा को समर्थन प्राप्त था।

इस सभा की सफलता का अंदाजा इस बात से भी लगाया जा सकता है कि जो कांग्रेस राजनैतिक स्वतंत्रता के एजेंडे पर कार्य कर रही थी, उसके कितने ही समाजवाद को माननेवाले सदस्य इससे आ जुड़े थे। पंजाब से उठी यह लहर समूचे भारतवर्ष में फैल गई थी।

नौजवान भारत सभा ने इस आवश्यकता को गहराई से समझा कि देश में धर्मों के मतभेद ने देश को जितना निर्बल बना दिया है, उतना किसी और ने नहीं बनाया। पूर्व में कांग्रेस और मुसलिम लीग के मतभेदों का उदाहरण सामने था। लॉर्ड क्लाइव की 'फूट डालो राज करो' की नीति को इस मतभेद से ही बल मिला था। इस सभा ने इस बात को समझा और इन मतभेदों को अपने मंच पर दूर करने के सफल प्रयास किए। हिंदू, मुसलिम और सिख इस मंच पर आकर आपसी सौहार्द और सद्भाव का संदेश देने लगे।

योजनाबद्ध ढंग से ऐसे कार्यक्रम आयोजित किए जाने लगे, जिनमें सामूहिक भोज और वर्त्ताओं से धर्मांधता पर प्रहार किए जाने लगे। सभी धर्मों के युवा एक साथ भोजन कर उन सामाजिक रूढ़ियों को दूर करने का प्रयास कर रहे थे, जिनसे भारतीय समाज में विखंडन को बढ़ावा दिया।

इसी नौजवान भारत सभा ने एक और सफल आयोजन किया, जिसने देश भर में उत्तेजना और देशभक्ति का ज्वार ला दिया। अंग्रेज इससे बौखला उठे। सभा ने गदर क्रांति के नायक करतार सिंह सराबा का शहीदी दिवस इस ढंग से मनाया कि लोगों में क्रांति की लहर दौड़ पड़ी। विशाल जनसमूह के सामने जब करतार सिंह सराबा के चित्र पर रक्ताभिषेक किया गया तो दसों दिशाएँ गूँज उठीं। भगवतीचरण की पत्नी दुर्गा देवी, जिन्हें सभी दुर्गा भाभी कहते थे, ने सुशीला देवी के साथ चित्र पर अपनी उँगली काटकर रक्ताभिषेक किया तो जैसे एक उत्तेजना ने विस्फोट कर दिया। यह क्रांति में जैसे झाँसी की रानी और बेगम हजरत महल का पुनः पदार्पण था। चारों दिशाएँ 'करतार सिंह सराबा जिंदाबाद'

के नारों से गूँजने लगीं। यह एक सफल आयोजन था, जिसका व्यापक प्रभाव पड़ा।

इसके अतिरिक्त भी सभा के नीति-नियंताओं ने एक अद्‌भुत सराहनीय और साहसपूर्ण कार्य किया। देश में फैले धर्म के मिथ्या आंडबरों पर प्रहार करने की एक रूपरेखा तैयार की। इसके लिए सभा द्वारा स्थान-स्थान पर व्याख्यानमाला का आयोजन किया जाने लगा। इस आयोजन की संफलता का मुख्य कारण यह रहा कि व्याख्यान वक्ता यदि हिंदू होता तो वह हिंदू धर्म के आंडबरों की पोल खोलता और मुसलिम वक्ता इसलाम में फैले आडंबरों को जनता के सामने रखता। छबीलदास और अहसान इलाही ने इन कार्यों को सफलतापूर्वक किया तथा इससे जो मनोवैज्ञानिक लाभ मिलने की आशा थी, वह आशानुरूप मिला। यह उस समय बहुत ही साहस और दृढ़ता का कार्य था, क्योंकि हमारे देश में सदैव ही धर्म के प्रति संवेदनशीलता रही है और धर्म के कुछ ठेकेदार अपने स्वार्थ के लिए इन रूढ़ियों तथा अंधविश्वासों को बढ़ावा देते रहे हैं।

सुखदेव के यहाँ तक के सफर में उनकी कर्मठ छवि और पक्की धारणा का महत्त्वपूर्ण योगदान रहा। क्रांति का पथ तो उन्होंने बाल्यावस्था में चुन लिया था और किशोरावस्था तक आते-आते उनका निश्चय दृढ़ होता गया। उनके निश्चय को दृढ़ करने में सबसे अधिक सक्रिय भूमिका तत्कालीन ब्रिटिश सरकार के अत्याचारों ने निभाई। वे बाल्यावस्था में ताऊजी और माँ से ऐसी कहानियाँ बहुत सुन चुके थे तो रोष तो उनके हृदय में तभी घर कर गया था। फिर उन्होंने कुछ साक्षात् भी ऐसी घटनाओं को घटते देखा, जिनसे उनके मन का रोष और भी प्रबल हो गया।

एक बार किशोरावस्था में ही जबकि उनकी आयु 13 वर्ष थी, वे अपने ताऊजी चिंताराम के साथ कश्मीर घूमने गए। कश्मीर की सुंदरता और वहाँ के बारे में मुगल साम्राज्ञी नूरजहाँ का कथन कि 'जमीन पर कहीं जन्नत है तो वह यहाँ है' ने सुखदेव को रोमांचित कर दिया था, जब वे कश्मीर पहुँचे। बर्फ से ढके पहाड़ और हरे-भरे पेड़ों से घाटी का दृश्य प्राकृतिक रूप से जितना मनोहारी था, उतना ही वहाँ की वेशभूषा और सभ्यता पूर्ण मुग्ध करनेवाला था। सुखदेव इस समय एक उत्सुक पर्यटक की भाँति उस भावपूर्ण दृश्य में खोए हुए थे। बाजार की रौनक से उनका मन रोमांच से भर गया था।

तभी उन्हें सामने से एक रिक्शे में बैठकर आता एक अंग्रेज परिवार दिखाई दिया। उसमें एक गोरा साहब, गोरी मेम और एक बच्चा था। उन्हें सुखदेव ने बड़ी

उत्सुकता से देखा। रिक्शाचालक एक भारतीय था। दुर्बल शरीरवाले उस रिक्शाचालक को देखकर सुखदेव का हृदय सहानुभूति से भर गया। तभी अचानक रिक्शाचालक असंतुलित होकर लुढ़क गया और अंग्रेज परिवार भी छिटककर इधर-उधर लुढ़क गया। रिक्शाचालक को शरीर पर यहाँ-वहाँ कुछ चोटें आईं, लेकिन चोट से अधिक भयभीत वह गोरे साहब से था, जो अपने कपड़ों की धूल झाड़ता भयानक दृष्टि से घूर रहा था।

गोरा साहब अपने डंडे को फटकारता रिक्शेवाले की ओर बढ़ा तो उसकी आँखों में शासकीय पाशविकता थी। रिक्शेवाला दासता एवं निर्धनता की बेड़ी में जकड़ा भय से थर-थर काँप रहा था। गोरे के हृदय में दया लेशमात्र की भी नहीं थी और उसने हिंसक होकर उस गरीब पर लगातार डंडे बरसाने शुरू कर दिए। वह चीख रहा था और क्षमा माँग रहा था, लेकिन निर्दयता के खोल को ओढ़े उस गोरे के हृदय में क्षमा के लिए कोई स्थान नहीं था। भीड़ भयभीत होकर यह दृश्य देख रही थी और रिक्शेवाले की चीखें पिघले शीशे की तरह सुखदेव के कानों में गूँज रही थीं। उनका हृदय मचल उठा। ताऊ चिंताराम तत्काल भाँप गए कि क्या होने वाला है। उन्होंने सुखदेव को कसकर पकड़ लिया और उन्हें तब तक पकड़े रहे, जब तक कि गोरा वहाँ से चला नहीं गया।

''ताऊजी!'' सुखदेव गुस्से से बोले, ''आपने मुझे क्यों पकड़ा? जितनी ताकत आपने मुझे पकड़ने में लगाई उससे आधी भी अगर उस गोरे को पकड़ने में लगाते तो इस मजदूर का इतना खून नहीं बहता।''

''शांत रह बेटा! चल यहाँ से चल।''

''यह इतनी भीड़ तमाशा भर देखती रही। गरीब मजदूर को अकारण ही एक गोरा इतना मारता है और कोई कुछ नहीं कहता। सब-के-सब बुजदिल हो गए।''

भीड़ उस बालक की निडरता से स्तब्ध थी।

''भाइयो!'' चिंताराम ने भीड़ से कहा, ''मेरा बेटा जोश में ऐसा कह गया है। नादान है, इसे क्षमा कर देना।''

इस घटना ने सुखदेव के हृदय में गोरों के प्रति गहरी नफरत पैदा कर दी थी। फिर बाकी की रही-सही कसर जलियाँवाला बाग हत्याकांड ने पूरी कर दी। सुखदेव अपने साथियों के बीच अंग्रेजों की निंदा करते और यहाँ तक कि यह ऐलान कर देते कि एक दिन वे इन अंग्रेजों को सबक सिखाकर ही रहेंगे। बच्चे उनकी यह बात सुनकर डर जाते कि कहीं सुखदेव की ये बातें कोई अंग्रेज न सुन ले।

"तुम सब क्यों डरते हो? यह बड़ी लज्जा की बात है कि हमारे ही देश में रहनेवाले अंग्रेज हमें ही निर्दयता से पीटते हैं और गोलियों से भूनते हैं। हम इनका विरोध भी नहीं कर पाते, जबकि ये अंग्रेज मुट्ठी भर ही हैं और हम कई करोड़ हिंदुस्तानी। हमें एकजुट होना होगा, तभी यह अन्याय रोका जा सकेगा।" सुखदेव ने अपने साथियों से कहा।

सुखदेव के विचार शुरू से ही आक्रमक रहे थे और किशोरावस्था में उन्होंने अपनी नेतृत्व क्षमता से अपने हमउम्र बच्चों में अंग्रेज विरोधी विचारधारा का प्रवाह कर दिया था।

इन अन्यायों, अत्याचारों के विरोध में कांग्रेस का अहिंसक मार्ग उन्हें जरा भी नहीं सुहाया। एक बार तो उन्होंने महात्मा गांधी को भी चकित कर दिया। यह अवसर नेशनल कॉलेज में डिग्री वितरण समारोह में आया था। कॉलेज प्रबंधन गांधीजी को ही डिग्री वितरण के लिए मुख्य अतिथि के रूप में बुलाता था। यह समारोह ब्रैडला हाउस में आयोजित हो रहा था। महात्मा गांधी जब वहाँ मुख्य द्वार पर पहुँचे तो लोग उनके चरण स्पर्श करने लगे। भीड़ अधिक थी। इस कारण मंच पर आते-आते गांधीजी को बहुत समय लग गया।

प्रतीक्षा समाप्त हुई। गांधीजी मंच पर आ गए और उन्होंने सबका अभिवादन स्वीकार किया। सभी बैठ गए, लेकिन सुखदेव खड़े रहे।

"महात्माजी! मेरा एक प्रश्न है?" सुखदेव बोले।

"हाँ...हाँ...कहो।" गांधीजी ने कहा।

"क्या किसी व्यक्ति के प्रति आदर व्यक्त करके उसे पूजनीय बना लेना श्रेष्ठ है या उसके सिद्धांतों व संकल्पों का अनुसरण करना। जो लोग आपके चरण छूकर आपको देवतुल्य बनाने पर तुले हैं, क्या इनमें से कुछ लोग भी आपके आजादी के लिए बनाए आदर्शों और सिद्धांतों का अनुसरण करते हैं। क्या आजादी पाने के लिए पूजा का मार्ग उत्तम है?"

इस प्रश्न ने गांधीजी सहित सबको चौंका दिया।

"नहीं," गांधीजी बोले, "यह व्यक्तिगत श्रद्धा की अनुचित परिपाटी है। जबकि आजादी के लिए एकजुट श्रद्धा की आवश्यकता है और वह श्रद्धा राष्ट्र में होनी चाहिए, व्यक्ति विशेष में नहीं। अहिंसा के मार्ग पर एकजुट होकर चलना ही श्रेष्ठ है।"

सुखदेव ने कभी रूढ़िवादिता का समर्थन नहीं किया, क्योंकि वे जानते थे कि भारत की दासता के कई कारणों में से यह भी एक कारण था।

सुखदेव गंभीर विचारोंवाले अवश्य थे, लेकिन स्वभाव उनका मित्रवत् था। जब वे अपने मित्रों के बीच विचार-विमर्श करते तो गंभीरता की प्रतिमूर्ति बन जाते और जब मजाक करते तो उच्छृंखल भी हो जाते।

एक दिन नेशनल कॉलेज में स्वामी लवणानंद पधारे। वे स्वास्थ्य संबंधी कुछ व्याख्या देने आए थे। अपने व्याख्यान में उन्होंने अपने नाम के अनुरूप नमक की विशेषताओं का विस्तृत वर्णन किया। उन्होंने नमक को जीवन का आवश्यक व नितांत लाभप्रद तत्त्व बताया। सुखदेव भी अपने साथियों के साथ यह व्याख्यान सुन रहे थे। तत्काल उन्हें कुछ सूझा और अपना विचार अपने साथियों को बता दिया। साथी भी उनका विचार जानकर प्रसन्नता से झूम उठे। प्रवचन समाप्त होने पर सुखदेव साथियों सहित स्वामीजी के पास पहुँचे।

"स्वामीजी! हम सबकी इच्छा है कि कल आप हमारे कक्ष में भोजन करें।"

"अवश्य, जैसी तुम्हारी इच्छा।"

सुखदेव और उनके साथी तैयारी में जुट गए। अगले दिन स्वामीजी पधारे तो उनके सामने भोजन प्रस्तुत किया गया। उन्होंने जिस भी खाद्य को चखा, उसमें ही नमक तेज था। हर सब्जी नमक तेज होने के कारण कड़वी हो गई थी। रोटी में भी नमक मात्रा से अधिक था।

"अरे, इतना नमक!" स्वामीजी बौखलाए, "यह तो स्वास्थ्य के लिए बहुत हानिकारक है। नहीं, मैं यह भोजन नहीं खा सकता।"

"बस, स्वामीजी! हमें आपसे यही सुनना था। हमें क्षमा करें कि हमने यह कहने का प्रयास किया कि अति हर चीज के लिए हानिकारक है।" सुखदेव ने हाथ जोड़कर कहा, "आपको यही बात अपने प्रवचन में कहनी थी।"

तत्काल दूसरी थाली आ गई। स्वामीजी बहुत हँसे। साथ ही उन्होंने सुखदेव व उनके साथियों की सराहना भी की। इसके अतिरिक्त उन्होंने यह स्वीकार भी किया कि उन्होंने कुछ अधिक ही नमक प्रेमी बनकर दिखाया।

सुखदेव ने शरारतें भी खूब कीं। नेशनल कॉलेज में पढ़ते हुए जब वे हॉस्टल में रहते थे तो अपने साथियों को नई-नई शरारतों से परेशान करते रहते थे। उनके कमरे के पास वाले कमरे में विष्णुकांत नाम का एक लड़का रहता था। वह ग्रामीण किसान का बेटा था और वह जब भी गाँव घूमने जाता तो वहाँ से देशी घी के लड्डू आदि लेकर आता। उसका स्वभाव ही कुछ ऐसा था कि वह साथियों को चखने के लिए जरा भी नहीं देता था।

एक दिन विष्णुकांत गाँव से लौटा और अपने कमरे में अपना बैग रखकर बाहर घूमने चला गया। सुखदेव को पता था कि वह जब भी गाँव से आता है तो अपने साथ खाने की चीजें अवश्य लाता है और किसी को चखाता तक नहीं। वे तत्काल उसके कमरे में घुसे। उन्होंने उसके बैग की तलाशी ली तो उसमें उन्हें देशी घी और बेसन से बनी पिन्नी (ग्रामीण मिठाई) दिखी। उन्होंने अपने सभी मित्रों को इकट्ठा किया और सारी मिठाई बाँट दी।

जब विष्णुकांत लौटा तो सन्न रह गया।

''आ जा भाई! तू तो कभी माँ के हाथ की बनी मिठाई खिलाता नहीं था, आज हम ही तुझे खिलाते हैं।'' सुखदेव ने कहा।

विष्णुकांत ने देखा कि केवल एक-दो पिन्नी ही बची हैं तो वह भन्ना गया।

''इसे भी तुम ही खाओ।'' वह पैर पटककर बाहर चला गया। सभी साथी खिलखिलाकर हँस पड़े।

सुखदेव का तरीका विचित्र अवश्य था, लेकिन वे इससे स्पष्ट आपसी सौहार्द को बढ़ावा देते थे। आसानी से किसी बात या कथन पर उन्हें विश्वास कभी नहीं हुआ। वे तो बाकायदा उसे देखते थे, परखते थे और पूरी तरह आजमाकर ही उसकी सत्यता को मानते थे। इस संबंध में बड़ी ही रोचक घटना का वर्णन उनके साथी यशपाल ने अपनी पुस्तक 'सिंहावलोकन' में किया है, जो इस प्रकार है—

''पढ़ने के शौकीन सुखदेव जब पहलवानी के दाँव-पेंच सिखानेवाली एक पुस्तक जो जुजुंसू पर आधारित थी, पढ़ रहे थे। इस पुस्तक में लिखा था यदि विरोधी आपसे अधिक शक्तिशाली है तो उसकी नाक पर घूँसा मारने से उसे अचेत किया जा सकता है।'' सुखदेव केवल पढ़कर ही इसे कहाँ माननेवाले थे। वे तो इस कथन की पुष्टि करना चाहते थे। शीघ्र ही उन्हें अवसर मिल गया।

उस दिन गांधीजी ने देश भर में सामूहिक उपवास का आह्वान किया था। सुखदेव ने भी उपवास रखा। वे अकेले ही बाजार में घूमने गए और उन्हें एक पहलवान जैसा बलिष्ठ व्यक्ति दिखाई दे गया। जुजुंसू की बात को परखने का शुभ अवसर जानकर सुखदेव उस आदमी के पास गए और झट से उसकी नाक पर घूँसा दे मारा। वह बलिष्ठ आदमी उस घूँसे से चकराकर जमीन पर गिर पड़ा और नाक दबाकर तड़पने लगा। कुछ ही देर में वह अचेत भी हो गया।

सुखदेव अभी वहीं खड़े थे। कुछ देर बाद उस आदमी को होश आया और हमलावर को अभी भी वहीं देखकर उसके क्रोध का पारावार न रहा। वह सुखदेव

पर टूट पड़ा। उसने लात-घूँसों से उनकी अच्छी मरम्मत कर दी, लेकिन सुखदेव कराहे तक नहीं। अंततः पहलवान उन्हें चेतावनी देकर वहाँ से चला गया। सुखदेव किसी प्रकार अपने कमरे पर आए। साथियों ने उनकी दयनीय दशा देखी तो क्रोध से भरकर खड़े हो गए। तब सुखदेव ने सारी बात बताई और सब हँसते-हँसते दोहरे हो गए।''

सुखदेव ऐसे ही थे। सरलता से किसी बात पर विश्वास न करने की उनकी प्रवृत्ति उन्हें ऐसे ही प्रयोगों के लिए उकसाती थी। इसके अतिरिक्त भी सुखदेव में एक गुण और था कि वे अंधभक्ति नहीं करते थे। किसी के प्रति उनमें श्रद्धा तो तभी होती थी, जब वे उसके गुण को परख लेते थे।

सन् 1924 में जब वे बी.ए. प्रथम वर्ष के छात्र थे तो उनके दिल में किसी योग्य गुरु से शिक्षा लेने का भाव जागा। हिंदू समाज में उन दिनों गुरु परंपरा चरम पर थी। घर में आर्यसमाज के सिद्धांत लागू थे, लेकिन मन में संस्कारवश यह बात आ गई। अब वे किसी योग्य गुरु की खोज में लग गए। इस संबंध में स्वामी विवेकानंद की गुरुता से श्रेष्ठ उन्हें कुछ नहीं लगा। उसी समय अमरीका से स्वामी सत्यदेवजी महाराज भारत पधारे। उनका धर्म-साहित्य उन दिनों बहुत चर्चा का विषय रहा। सुखदेव ने पढ़ा तो प्रभावित हुए बिना नहीं रह सके और स्वामीजी लाहौर पधारे तो सुखदेव भी उनके दर्शन को पहुँचे। तेजस्वी मुखमंडल पर विद्वत्ता की छाप थी और मन ने उन्हें श्रेष्ठ गुरु मान लिया, लेकिन वे दीक्षित न हो सके तथा स्वामीजी ने उन्हें देहरादून आने का निमंत्रण दे दिया।

गरमी की छुट्टियाँ पड़ीं तो सुखदेव देहरादून रवाना हो गए। वहाँ स्वामी सत्यदेव महाराज का भव्य आश्रम था और वहाँ सुखदेव को वैभव तथा विलासिता की झलक पहली दृष्टि में ही मिल गई थी। सुखदेव ने गहन विचार किया। मन अंतर्द्वंद्व में फँस गया। उन्होंने विवेकानंद की जीवनी और साहित्य पढ़ा था। वे और भी कई महापुरुषों के साधु जीवन से स्वाध्याय द्वारा परिचित थे। साधुता में ऐसा वैभव उनके मन को स्वीकार नहीं हुआ। फिर मन ने कहा कि साधुओं और गुरुओं की लीला बड़ी विचित्र होती है। अब तो अंदर जाकर ही पता चलेगा कि सत्य क्या है। वे आश्रम में पहुँच गए और स्वामीजी की सेवा में नियुक्त हो गए। सेवा में तो सुखदेव अग्रणी थे। स्वामीजी के पैर दबाना, उनकी मालिश करना और उनके कपड़े धोना आदि सभी कार्य सुखदेव ने सँभाल लिये थे। सेवा के समय में वे स्वामीजी से देश की वर्तमान स्थिति पर प्रश्न करने लगे, जिनका साधुतावाद से जुड़ा उत्तर ही मिला।

सुखदेव ने अपने गहन अध्ययन में यह जान लिया था कि भारतीय संत समाज, जो कि धर्म की रक्षा के प्रतिनिधि हैं, अधिकांशत: स्वमोक्ष की पद्धति को बढ़ावा देकर समाज से दूर हो रहे थे। यह धार्मिक पलायन की स्थिति थी। अपने गुरु के सान्निध्य में कुछ ही दिनों में सुखदेव जान गए थे कि स्वामीजी सुविधाभोगी हैं। उन्हें किसी प्रकार के परिवर्तन की इच्छा नहीं है और केवल अपने आभामंडल को प्रखर-से-प्रखर करना चाहते हैं। उनके प्रवचन जितने मधुर थे, उनका अनुकरण तो वे स्वयं नहीं करते थे। सुखदेव को पाखंड का ऐसा विद्रूप कैसे स्वीकार होता। उनका अपने भावी गुरु से मोहभंग हो गया। अब उन्होंने वहाँ से जाने का विचार बना लिया।

एक दिन स्वामीजी ने सेवक को अनमना देखा तो समीप गए।

"बेटा सुखदेव! क्या बात है?" स्वामीजी ने सिर पर हाथ रखा।

"दूर रहिए," सुखदेव रोष से बोले, "मैं आपका पाखंड देख भी चुका और समझ भी चुका। आप तो अंग्रेजों से भी अधिक निम्नता पर हैं। ऊँचे आदर्शों का ढोंग रचकर लोगों को बहकाना आपका व्यवसाय है। अंग्रेज कम-से-कम कोई ढोंग तो नहीं करते। धिक्कार है ऐसी साधुता को!"

स्वामी सत्यदेव भौंचक्के रहकर उस युवक के मुख से उस सत्य को सुनते रह गए, जिसे वे स्वयं भी जानते थे। सुखदेव तिरस्कृत दृष्टि से उन्हें देखते हुए आश्रम से बाहर निकल आए। यह उनके साहस का अनूठा उदाहरण था।

सुखदेव के बहुआयामी व्यक्तित्व को निखारने में उनकी अथक मेहनत रही थी, जिससे उन्होंने कभी मुँह नहीं मोड़ा। जब जेल से छूटकर आए उनके ताऊजी ने उन्हें आगे पढ़ते और बढ़ते रहने के लिए प्रेरित किया तो भी उनके दिमाग में एक बात थी कि व्यापार में निरंतर घाटे से घर-परिवार की आर्थिक स्थिति अच्छी नहीं थी तथा उन्हें अपनी पढ़ाई का खर्च स्वयं ही जुटाना होगा। तब उन्होंने नौकरी करने का निर्णय लिया। अब यह देखना था कि नौकरी, पढ़ाई और लक्ष्य तीनों एक ही मार्ग से कैसे साधे जाएँ। विचार बना तो उपाय भी सूझा। सुखदेव ने पत्रकारिता का मार्ग चुना, जो तीनों लक्ष्यों को पूरा करता था।

सुखदेव प्रसिद्ध दैनिक पत्र 'वंदेमातरम्' में अल्पकालिक नौकरी करने लगे। इस पत्र में उन्हें क्रांति के और भी कई नए आयाम समझने को मिले। आय का स्रोत भी बन गया था और साथ ही नए क्रांतिकारियों से मिलने का अवसर भी मिल रहा था। यहीं उन्हें क्रांति से संबंधित कुछ अन्य पहलू भी जानने को मिले, जिनके कारण उनकी बेचैनी भी बढ़ी।

एक ओर हिंदुस्तान रिपब्लिकन एसोसिएशन था, जो अपने परचे के माध्यम से देश के क्रांतिकारियों को एकजुट होने और सशस्त्र क्रांति के लिए आह्वान कर रहा था तो दूसरी ओर गांधीवाद था, जो अहिंसा का पाठ पढ़ा रहा था।

आँकड़े स्पष्ट कर रहे थे कि गांधीजी के नेतृत्व में चल रहा अहिंसात्मक आंदोलन सन् 1919 से सन् 1924 तक कोई विशेष उपलब्धि प्राप्त नहीं कर पाया था और उलटे अंग्रेज उस आंदोलन की हँसी उड़ाते थे। यहाँ तक कि अंग्रेज निश्चिंत हो चुके थे कि भारत में अब कभी सशस्त्र क्रांति नहीं होगी, क्योंकि गांधीजी का अहिंसक जनाधार बहुत था। अंग्रेजों ने इस स्थिति को अपने पक्ष में इस्तेमाल करने की और भी चालें चल दीं। अब उन्होंने गांधीजी को तवज्जो देने का नाटक किया। उनके साथ वार्त्ताएँ की जाने लगीं और उन्हें कहीं भी आने-जाने की छूट प्रदान कर दी गई। यद्यपि इन वार्त्ताओं का कोई सुखद परिणाम नहीं निकल रहा था, लेकिन गांधीजी भ्रमित अवश्य हो गए कि अब ब्रिटिश सरकार नम्र होती जा रही है। ऐसा कुछ भी नहीं था। सत्य तो यह था कि अंग्रेज सरकार बड़ी चालाकी से इस अहिंसा आंदोलन को अपने कवच के रूप में प्रयोग कर रही थी।

पाँच वर्ष तक चले इस अहिंसात्मक आंदोलन को सरकार ने हिंसा और अन्याय से कुचलकर रख दिया था। अंतिम वर्ष में तो इस दमन ने ऐसे कई प्रमाण छोड़े, जिनसे स्पष्ट हो गया कि दया और अधिकार दोनों ही ब्रिटिश सरकार ने किसी को देने के लिए नहीं रखे थे तथा उन्हें तो कैसे भी भारतवासियों का खून चूसते रहना था।

गांधीजी का यह दर्शन ब्रिटिश साम्राज्य की शक्ति बन गया था कि भारतीय जनमानस को धैर्य के साथ रहकर उनके लाठी-डंडों के प्रहारों को सहते रहना चाहिए। एक दिन अत्याचार स्वयं थक जाएगा। अत्याचारी पस्त हो जाएँगे। हृदय परिवर्तन होगा और स्वतंत्रता मिलेगी। इस अहिंसक मार्ग से मिली यह स्वतंत्रता भारत की क्रांति को विश्व क्रांतियों में सबसे सुंदर बनाएगी, जो केवल मानवीय न्याय पर होगी। हिंसा का समूल नाश होगा और विश्व शांति होगी। भारत की सभ्यता विश्व के लिए उदाहरण बन जाएगी।

ब्रिटिश साम्राज्य ने इस मानवतावादी दृष्टिकोण को केवल सुना और उसकी गहराई को समझने का प्रयास भी नहीं किया। सत्य तो यह था कि अगर ब्रिटेन ने इस दृष्टिकोण को समझकर मानवता दिखाई होती तो संभवत: विश्व का वही रूप होता, जिसकी गांधीजी ने कल्पना की थी। ब्रिटेन की साम्राज्यवादी मानसिकता ने वैश्विक स्तर पर ख्याति पाने का यह अवसर ही नहीं खोया, बल्कि विश्व के

भविष्य को भयावह बना दिया।

ब्रिटिश सरकार ने अपने दमनचक्र में क्रांतिकारियों के साथ ऐसा क्रूर और अमानवीय व्यवहार किया, जिससे मानवता कराह उठी। क्रांतिकारियों को बर्फ की सिल्लियों पर नंगे बदन लिटाकर तड़पाया जाता था। देश के पक्ष में बोलने वालों की जुबान काट दी जाती थी और खौलते हुए तेल से उन्हें स्नान कराया जाता था। अंडमान की जेल से निकलकर आए भाई परमानंद ने जब बंदी जीवन की भयावहता और अंग्रेजों की अमानुषिकता का मार्मिक वर्णन किया तो युवा रक्त खौल उठा। स्पष्ट हो गया कि अत्याचारों का विरोध अब धैर्य और सहनशीलता की परीक्षा देने से नहीं, बल्कि सशस्त्र क्रांति से होना ही अनिवार्य है। न्यायप्रिय शासन प्रणाली का ढोंग रचती अन्यायी व्यवस्था का प्रतिकार उसके ही हथियार से करना होगा।

सुखदेव एक विचारपरक क्रांतिकारी थे और इस पथ पर चलने से पहले उन्होंने सभी आवश्यक तैयारी कर लेना उचित समझा था तथा यही कारण था कि वे बड़े धैर्य से अपने साथियों के साथ हिंदुस्तान रिपब्लिकन एसोसिएशन को पुन: जीवित करने के प्रयासों में जुट गए। उनकी और साथियों की अथक मेहनत रंग लाई, तब कहीं जाकर क्रांतिकारी सन् 1928 में एक मंच पर आए।

इसी बीच एक और घटना घटी, जिसने क्रांति के इन शोलों को और भी हवा दे दी थी। यह अक्तूबर सन् 1926 की घटना थी। लाहौर में दशहरे के मेले का आयोजन किया गया था। इस मेले में किसी ने बम विस्फोट कर दिया। इस घटना से मेले में अफरा-तफरी मच गई।

सरकार ने इस कृत्य का जिम्मेदार क्रांतिकारियों को ठहराया और यह सिद्ध तक कर दिया कि यह कार्य आतंक फैलाने की इच्छा से विप्लवियों ने किया था। साथ ही पुलिस ने यह दावा भी किया कि वे बहुत जल्दी विस्फोट करनेवाले आतंकियों को गिरफ्तार कर लेगी। अब पुलिस ने मंथन किया कि किसे बलि बनाकर अपने दावे को सिद्ध किया जाए। उन दिनों भगत सिंह अपने कार्यों से पुलिस की दृष्टि में चुभ रहे थे। अवसर देखकर पुलिस ने उन्हें गिरफ्तार करके 'बोर्स्टल जेल' में डाल दिया। यह युवा क्रांति का मनोबल तोड़ देनेवाला कदम था और यह एक गहरी चाल भी थी। इससे युवा क्रांतिकारियों को भड़काकर पुलिस उन्हें सामने आने को विवश करना चाहती थी, लेकिन सुखदेव ने अपने साथियों को सँभाला और उन्हें पुलिस की गहरी चाल से अवगत कराया। यद्यपि उनका भी खून खौल रहा था, लेकिन यह समय बड़े धैर्य का था। सरकार की चाल में फँसकर अपनी हानि करने का नहीं।

भगत सिंह पर मेले में बम विस्फोट करने का आरोप मढ़ दिया गया, जोकि निराधार था। बहुत दिनों तक मुकदमा चला। कोई साक्ष्य तो था नहीं, इसलिए भगत सिंह को 60,000 रुपए के मुचलके पर ढेरों चेतावनियों के साथ छोड़ा गया। इसी बीच भगत सिंह अपने साथियों से बहुत ही गुप्त रूप से भेंट किया करते थे। सुखदेव से मिलकर उन्होंने सारी वस्तुस्थिति समझाई कि पंजाब में उठ रहे युवा विद्रोह पर ब्रिटिश सरकार की पैनी नजर है।

सुखदेव ने भगत सिंह की बात का समर्थन किया और गुप्त रूप से अपने कार्यों को आगे बढ़ाने लगे। उनकी गुप्त योजनाएँ धीरे-धीरे रंग ला रही थीं। अंततः वे अखिल भारतीय क्रांतिकारी सम्मेलन कराने में सफल भी हुए। यह सुखदेव और भगत सिंह के वैचारिक सामंजस्य का परिणाम था कि उन्होंने छिटपुट पुलिस हस्तक्षेप के अलावा अन्य कुछ ऐसा नहीं होने दिया, जिससे पंजाब की युवा क्रांति पर प्रतिकूल प्रभाव पड़ता।

□

हिंदुस्तान सोशलिस्ट रिपब्लिक सेना

लगातार मिलती सफलताओं ने नौजवान भारत सभा को बहुत उत्साहित कर दिया था। इससे एक सुदृढ़ जमीन तैयार हो गई थी और अब इस पर सुदृढ़ इमारत का निर्माण करना अत्यंत आवश्यक था, जब नौजवान भारत सभा ने एक और महत्त्वपूर्ण दूरदर्शी निर्णय लिया। सुखदेव के नेतृत्व में यह निर्णय हुआ कि नए क्रांति दल के गठन और रफ्तार में समय की आवश्यकता थी, इसलिए क्यों न मृतप्राय हो चुके हिंदुस्तान रिपब्लिकन एसोसिएशन में प्राण फूँके जाएँ। प्रस्ताव सटीक था और सबने इसका समर्थन किया। सुखदेव और भगत सिंह इसके क्रियान्वयन में लग गए। क्रांतिकारियों को एसोसिएशन में पूर्व का अनुभव भी था और प्रोफेसर विद्यालंकार के सौजन्य से कुछ वर्ष पहले सुखदेव, भगत सिंह आदि भी इसमें कार्य कर चुके थे, लेकिन इन दिनों प्रोफेसर विद्यालंकार कुछ सुषुप्त होते जा रहे थे और यह संभवत: वर्चस्व की महत्त्वाकांक्षा थी।

सुखदेव और भगत सिंह अच्छी तरह जानते थे कि क्रांतिपथ पर कोई भी विशेष नहीं होता और न किसी की उदासीनता से लक्ष्य प्रभावित होते हैं। उन्होंने प्रोफेसर जयचंद्र की महत्त्वाकांक्षा को उसी समय जान लिया था, जब दल में भगवतीचरण की बढ़ती लोकप्रियता से कुढ़कर प्रोफेसर जयचंद्र ने कह दिया कि भगवतीचरण पुलिस के भेदिए हैं। यह आरोप संगीन था कि इससे भगवतीचरण की विश्वसनीयता संदेह के घेरे में आ गई थी, लेकिन सुखदेव आदि सहज ही यह मानने को तैयार नहीं थे और उनके प्रयासों से यशपाल ने सिद्ध कर दिखाया कि भगवतीचरण एक सच्चे देशभक्त और पूर्ण समर्पित क्रांतिकारी थे। प्रोफेसर जयचंद्र का मिथ्या भाषण पकड़ा गया।

इन्हीं सब बातों के परिप्रेक्ष्य में सुखदेव और भगत सिंह ने आइंदा की सभी गतिविधियों का भार अपने कंधों पर उठा लिया। सुखदेव को इस कार्यक्रम के

नीति-निर्धारण का भार सौंपा गया और हिंदुस्तान रिपब्लिकन एसोसिएशन को पुनर्जीवित करने की रूपरेखा तैयार हो गई। सुखदेव और भगत सिंह आदि सभी मुख्य कार्यकर्ता इस भागदौड़ में व्यस्त हो गए।

प्रयास सफल हुए और सितंबर, 1928 में दूसरे सप्ताह में ही क्रांतिकारियों का अखिल भारतीय सम्मेलन दिल्ली के फिरोजशाह कोटला के खँडहरों में आयोजित हुआ। इस सम्मेलन में हिंदुस्तान रिपब्लिकन एसोसिएशन के लगभग सभी प्रमुख क्रांतिकारी आए। राजपुताना के कुंदनलाल, बिहार से फणींद्र घोष, संयुक्त प्रांत से शिव वर्मा, ब्रह्मदत्त मिश्र, सुरेंद्र पांडेय और विजय कुमार सिन्हा जैसे दिग्गज थे। अपरिहार्य कारणों से इस बैठक में चंद्रशेखर आजाद नहीं आ सके, लेकिन उन्होंने सुखदेव और भगत सिंह पर पूर्ण विश्वास करके सम्मेलन को समर्थन दिया। शिव वर्मा वहाँ उनके प्रतिनिधि के रूप में उपस्थित थे। बंगाल के क्रांतिकारी इस सम्मेलन में सम्मिलित होने की कई शर्तें रख रहे थे, जिनमें मुख्य शर्त यह थी कि देश के समूचे आंदोलन की बागडोर बंगाल के क्रांतिनेता अपने हाथ में रखेंगे। इस शर्त पर दल का निर्माण वर्चस्व की भेंट चढ़ जाने की आशंका थी। अत: बंगाल के क्रांतिनेताओं की यह शर्त अस्वीकार कर दी गई। युवा क्रांति को समर्थन देनेवाले और उससे पूर्णरूपेण जुड़े प्रोफेसर जयचंद्र भी इस सम्मेलन में नहीं बुलाए गए तो यह सुखदेव की दूरदर्शिता ही थी।

इस सम्मेलन में सुखदेव और भगत सिंह की प्रतिबद्धता देखने लायक थी। उन्होंने जिस प्रकार से अपने विचारों और नीतियों से सम्मेलन में आए क्रांतिनेताओं को प्रभावित किया, वह अद्‌भुत था। सभी ने इन युवाओं की नीति और विचारों की भूरि-भूरि प्रशंसा की। सुखदेव ने हिंदुस्तान रिपब्लिकन एसोसिएशन का नाम बदलकर 'हिंदुस्तान समाजवादी प्रजातांत्रिक संघ' करने का प्रस्ताव ही नहीं रखा, बल्कि इसके लाभ भी बताए। कुछ समाजवादी अवधारणा का विरोध करने लगे, लेकिन जब इस शब्द की शक्ति का खुलासा किया गया तो सर्वसम्मति से एच.आर.ए. को एच.एस.आर.ए. के नाम से गठित कर दिया गया।

सुखदेव और भगत सिंह का यह प्रयास इस परिप्रेक्ष्य में तो और भी सराहनीय था कि दोनों ने केवल 21 वर्ष की आयु में ही इतने प्रभावपूर्ण ढंग से वरिष्ठ क्रांतिकारियों को संतुष्ट कर दिया था। दल की केंद्रीय समिति का गठन भी हुआ और सर्वसम्मति से चंद्रशेखर आजाद को दल का सेनापति बनाया गया। उनकी अनुपस्थिति में लिया गया यह निर्णय सुखदेव और भगत सिंह की उनके प्रति श्रद्धा को ही नहीं, बल्कि क्रांति संबंधी उनकी दूरदर्शिता को भी स्पष्ट करता है। चंद्रशेखर आजाद वरिष्ठ

क्रांतिकारी तो थे ही, साथ ही उनमें और भी ऐसे कई गुण थे, जो क्रांतिकारियों को उनके प्रति नत करते थे। अधिकांश क्रांतिकारियों को हथियार चलाना नहीं आता था और चंद्रशेखर आजाद से यह प्रशिक्षण मिल सकता था। वे शस्त्र विशेषज्ञ थे।

इस बैठक में पंजाब प्रांत का मुख्य संगठनकर्ता सुखदेव को चुना गया और इसमें भगत सिंह व शिव वर्मा की मुख्य भूमिका थी। वे दोनों भली-भाँति जानते थे कि सुखदेव में नेतृत्व की अपार क्षमता है और साथ ही वे संगठन पद्धति के विशेषज्ञ भी हैं। फणींद्रनाथ घोष को बिहार, कुंदनलाल को राजपूताना और शिव वर्मा को संयुक्त प्रांत का संगठनकर्ता बनाया गया। भगत सिंह और विजय कुमार को सभी प्रांतों के बीच सामंजस्य स्थापित करने का दायित्व मिला। इसी बैठक में दल की आर्थिक स्थिति, जो बहुत अच्छी नहीं थी, पर भी विचार हुआ और सबको कहा गया कि दल को आर्थिक सुदृढ़ता देने में पूरा सहयोग करें। सुखदेव और भगत सिंह ने दल के सदस्यों को छद्म नाम रखने की सलाह भी दी, जिसे सभी ने स्वीकार कर लिया। इससे सुरक्षा बढ़ जाती थी। चंद्रशेखर आजाद को छद्म नाम सेनापति 'बलराज' मिला, सुखदेव को 'विलेजर', भगत सिंह को 'रणजीत' और शिव वर्मा को 'प्रभात' का छद्म नाम मिला। यह ब्रिटिश सरकार को भ्रमित करने का उपाय था।

सुखदेव के मस्तिष्क का सभी लोहा मानते थे। शिव वर्मा ने अपनी पुस्तक में इस संबंध में लिखा है कि एक कुशल संगठनकर्ता के रूप में भगत सिंह की अपेक्षा सुखदेव मुझे अधिक जँचा। यह सच भी था कि संगठन को एकजुट रखना और दल के संविधान के अनुसार सदस्यों को अनुशासित रखना बहुत बड़ा कार्य है। सुखदेव इस दायित्व को समझते थे और उन्होंने इस दायित्व का भली-भाँति निर्वहन भी किया। जहाँ दल के लिए बड़े-बड़े कार्यों की रूपरेखा तैयार करना भी उनका दायित्व था, वहीं दल के प्रत्येक सदस्य की सभी आवश्यकताओं पर दृष्टि रखना भी था। सुखदेव भली-भाँति जानते थे कि दल में प्रत्येक सदस्य मूल्यवान है और दल के प्रति सबकी निष्ठा तभी संभव है, जब उनकी सामान्य आवश्यकताओं का पूर्ण ध्यान रखा जाए।

दल के पूर्व संविधान को ज्यों-का-त्यों स्वीकार कर लिया गया था और सुखदेव ने उसी के अनुसार प्रत्येक सदस्य को चलने की राय दी थी। साथ ही वे कुछ व्यक्तिगत विचार भी इस संबंध में रखते थे। वे चाहते थे कि उनके दल का प्रत्येक सदस्य एक सच्चे सिपाही की तरह विकसित हो और मिले हुए आदेश का अनुपालन प्राथमिकता और निष्ठा से करे।

इस बैठक में जब दल की आर्थिक स्थिति सुधारने पर विचार हुआ तो इसके लिए डकैतियों द्वारा धन और हथियार इकट्ठे करने पर चर्चा हुई। इस बारे में भी सुखदेव ने एक महत्त्वपूर्ण सुझाव दिया। वह सुझाव इस प्रकार था—

"इस संबंध में मैं कहना चाहूँगा कि हमें दल की आर्थिक स्थिति के लिए डकैती तो करनी पड़ेगी, लेकिन यह केवल सरकारी खजाने और बैंकों में ही ठीक रहेगी। यद्यपि गाँवों में धनी जमींदारों और सूबेदारों व सूदखोर महाजनों के पास धन की कोई कमी नहीं है, लेकिन वहाँ डकैती डालने से हमारा जनाधार कमजोर होगा। सरकार पहले ही जनमानस में यह धारणा भर चुकी है कि क्रांतिकारी आतंकवादी और लुटेरे हैं। हमारे इस कार्य से इस धारणा को और भी बल मिलेगा। हमें अपना आंदोलन जनमानस से जोड़ना है।"

सबने सर्वसम्मति से इस प्रस्ताव का अनुमोदन किया और ग्रामीण क्षेत्रों में ऐसी गतिविधियों से दूर ही रहने का निर्णय लिया गया। यह सुखदेव की नीतियों और संगठन शक्ति का ही परिणाम था कि कालांतर में क्रांतिकारी जनमानस से ऐसे जुड़े कि उन्हें साधारण गृहस्थों का भी अपरोक्ष सहयोग मिला। सुखदेव ने गहन चिंतन-मनन से जान लिया था कि क्रांति की अधिकांश असफलताएँ जनसाधारण के सहयोग न मिलने के कारण ही मिली थीं।

सुखदेव को सही मायनों में इस क्रांति का चाणक्य कहना ही उचित होगा, जो क्रांति से संबंधित प्रत्येक छोटी-से-छोटी बात पर भी दृष्टि रखते थे। यह सब उन्होंने बड़े कठिन स्वाध्याय और विश्व क्रांति के इतिहास से सीखा था। उनकी इस अद्‌भुत क्षमता से भगत सिंह परिचित थे। जब शिव वर्मा उनके संपर्क में आए तो इस सामान्य सी कद-काठी के युवक को देखकर उन्होंने कल्पना भी नहीं की थी कि उनके पास ऐसा विलक्षण मस्तिष्क है, जिसमें दूरगामी योजनाएँ और क्रांति से संबंधित अनेक सूत्र भरे पड़े हैं। जैसे-जैसे अंतरंगता बढ़ती गई, वैसे-वैसे शिव वर्मा को सुखदेव की विलक्षणता का पता चलता गया।

सुखदेव ने अपना दृष्टिकोण ऐसा बनाया था कि वे अपनी सफलता का श्रेय भी लेने से दूर ही रहते थे। राष्ट्रसेवा को केवल अपना कर्तव्य समझनेवाले सुखदेव ने कभी भी यह नहीं चाहा कि उन्हें महान् क्रांतिकारी के रूप में प्रशंसा मिले। वे केवल कार्य करने पर दृढ़ थे, उसका श्रेय किसे मिलता है, यह उन्होंने कभी नहीं देखा।

□

साइमन कमीशन

गांधीजी के नेतृत्व में अहिंसा आंदोलन जब कोई विशेष उपलब्धि प्राप्त न कर सका तो जनमानस में घोर निराशा फैलने लगी। इस आंदोलन में कुछ शीर्ष नेताओं को जेल भेज दिया गया था, जिन्होंने स्थिति की अस्पष्टता को भाँपा और एक नए दल 'स्वराज पार्टी' का गठन कर लिया। चितरंजन दास, मोतीलाल नेहरू ने इस राजनैतिक पार्टी के माध्यम से सरकार के सामने कुछ सुधारवादी प्रस्ताव पेश किए। कांग्रेस ने मद्रास अधिवेशन के बाद पूर्ण स्वाधीनता का प्रस्ताव पेश किया, लेकिन सरकार पर कोई प्रभाव नहीं पड़ा। बढ़ते राजनीतिक दबाव से इतना तो सरकार भी समझ रही थी कि कुछ ऐसा करना ही पड़ेगा, जिससे कम-से-कम इन राजनैतिक आंदोलन को आंशिक संतुष्ट किया जाए। तब साइमन कमीशन के आने की घोषणा की गई, जिसमें कई विसंगतियाँ सामने आईं। लॉर्ड साइमन की अध्यक्षता में आनेवाला यह सात सदस्यीय दल देश में जगह-जगह सुधारों की आवश्यकता के साक्ष्य इकट्ठे करनेवाला था और तब ब्रिटेन की संसद् को अपनी रिपोर्ट देनेवाला था। बस, विडंबना यह थी कि कमीशन में कोई भारतीय नहीं था। यह एक प्रकार से अप्रत्यक्ष अधिकार हनन था, जिसकी सारे भारत में भर्त्सना की गई।

इस कमीशन के देशव्यापी बहिष्कार का निर्णय किया गया, जिसमें कांग्रेस का नरम दल भी सम्मिलित था। युवा क्रांति तो और भी आक्रामक हो उठी और उन्होंने इस कमीशन पर बम फेंककर विरोध जताने का प्रस्ताव भी बनाया, लेकिन उस समय दल के पास बम नहीं था। फिर भी कुछ तो करना ही था।

3 फरवरी, 1928 को साइमन कमीशन बंबई पहुँचा, जहाँ हजारों लोगों ने इसके विरोध में प्रदर्शन किया और 'साइमन गो बैक' की नारेबाजी की। बंबई में इतना

भीषण विरोध देखकर सरकार के हाथ-पैर फूल गए। दिल्ली और मद्रास के साथ कलकत्ता में इस कमीशन का उग्र विरोध हुआ। मद्रास में तो पुलिस को गोली भी चलानी पड़ी, जिसमें कुछ प्रदर्शनकारी घायल भी हुए। सभी जगह एक विशेष बात यह रही कि विरोध प्रदर्शन में साधारण जनमानस के साथ श्रमिक वर्ग ने भी काम-काज ठप कर दिया। इस भीषण विरोध की कल्पना सरकार ने बिल्कुल न की थी। उसने बड़ी सख्ती से इस विरोध प्रदर्शन को दबाने का निश्चय किया।

लाहौर में नौजवान भारत सभा ने देश भर में चल रही अंग्रेज विरोधी लहर को देखकर वहाँ भी कमर कस ली। सभा के सदस्य घर-घर और गाँव-गाँव जाकर लोगों को इस विरोध में सम्मिलित करने के लिए तैयार करने लगे। कहा जाता है कि साइमन कमीशन 20 अक्तूबर, 1928 को लाहौर पहुँचा था, लेकिन 15 अक्तूबर तक ही लाहौर में इतने लोग पहुँच गए थे कि शहर में तिल रखने तक की जगह नहीं बची थी। यह नौजवान भारत सभा की अथक मेहनत का ही परिणाम था कि लोग इतने बड़े पैमाने पर लाहौर में इकट्ठे हो सके थे।

यह पंजाब क्रांति का विहंगम दृश्य था। लाहौर पूर्णत: बंद था और अपार भीड़ काले झंडे लेकर सड़कों पर आ गई थी। नौजवान भारत सभा की इस सफलता ने देश भर में हलचल मचा दी और कांग्रेस को भी इस प्रदर्शन में आगे आना पड़ा।

साइमन कमीशन 20 अक्तूबर को लाहौर पहुँच रहा था और प्रदर्शनकारी रात से ही अपना व्यूह तैयार करने में जुटे थे। लाहौर रेलवे स्टेशन पर भीड़ उमड़ी पड़ी थी। प्रात:काल लाला लाजपतराय के नेतृत्व में ऐसी व्यूह रचना की गई कि कमीशन को शहर में प्रवेश न मिल पाए। वयोवृद्ध लाला लाजपतराय ने ललकारकर युवा शक्ति का जोश और भी बढ़ा दिया। नौजवान भारत सभा के सुखदेव, भगत सिंह, हंसराज और भगवतीचरण सहित अनेक युवा लालाजी को आत्मिक बल प्रदान कर रहे थे। इन सबके बीच लालाजी साक्षात् क्रांतिदूत की भाँति देदीप्यमान थे। यह दल रेलवे स्टेशन पहुँचा, जहाँ सुपरिंटेंडेंट स्कॉट के माथे पर पसीना आ गया। युवा क्रांतिकारियों ने लालाजी को अपने सुरक्षा व्यूह में ले लिया और 'साइमन गो बैक' की नारेबाजी शुरू कर दी। इससे अंग्रेज अधिकारी कँपकँपा उठे। किसी बड़ी अनहोनी की आशंका ने उन्हें भयभीत कर दिया।

पुलिस अधिकारी स्कॉट को सबसे अधिक चिंता आनेवाले दल की थी, जो लॉर्ड साइमन के नेतृत्व में था। उसे इस बात का अधिक डर था कि कहीं युवाओं का वह समूह कमीशन के सदस्यों का कोई अहित न कर दे, जिसकी संभावना भी अधिक थी। स्कॉट ने अपने सुरक्षा बल को आगे बढ़कर कमीशन को पूर्ण सुरक्षित

करने का आदेश दिया। आगे रास्ता नहीं था। लालाजी और नौजवान भारत सभा ने तो ऐसा व्यूह बना रखा था, जिससे आगे बढ़ने का रास्ता ही नहीं था। इससे स्कॉट की चिंता और बढ़ गई। उसने अपने सिपाहियों को लाठीचार्ज का आदेश दे दिया। पुलिस को तो जैसे इसी आदेश की प्रतीक्षा थी। अब निहत्थी भीड़ पर लाठियाँ भाँजी जाने लगीं।

डी.एस.पी. सांडर्स ने बहुत बर्बरता से लाठी चलाई, लेकिन आजादी के दीवाने तो किसी भी कीमत पर मोरचा तोड़ने को तैयार नहीं थे। सांडर्स ने मुख्य मोरचे पर ही हमला बोल दिया और अपनी लाठी का भीषण वार लालाजी के सिर पर कर दिया। इससे नौजवान भारत सभा के अंतर का युवा विद्रोह जाग उठा। लालाजी बहुत दूरदर्शी थे। वे जान गए कि अगर इस युवा वर्ग का हाथ उठा तो लाहौर में लाशों के ढेर लग जाएँगे। एक कटु सत्य यह भी था कि अधिक भीड़ तो प्रदर्शनकारियों की थी और निश्चित ही लाशें भी उन्हीं की अधिक होतीं। इस बात को समझते ही लालाजी उठ खड़े हुए और गरज पड़े।

''पुलिस की इस जालिमाना हरकत की मुखालफत में मुजाहिरे को मुअत्तल कर दिया जाए।'' लालाजी ने आदेश दिया।

सुखदेव और भगत सिंह सहित अन्य क्रांतिकारी सभी स्तब्ध रह गए, लेकिन वस्तुस्थिति समझने में उन्हें जरा भी देर न लगी। सुखदेव भाँप गए कि वहाँ एक ओर जलियाँवाला बाग की घटना हो जाने की आशंका थी और उसका ठीकरा नौजवान भारत सभा के सिर फूटना था। वह युवा दल केवल जोशीला ही नहीं था, बल्कि राजनैतिक समझ भी रखता था। पुलिस की बर्बरता चरम पर थी और उनके जोश से वह गोलीकांड में बदल सकती थी। सुखदेव और भगत सिंह आदि ने मुख्य मोरचा छोड़ दिया।

प्रदर्शन स्थगित हो गया। सुखदेव के दिलोदिमाग में उस समय की सभी घटनाएँ और उसके संभावित परिणाम तैर रहे थे, जबकि भगत सिंह का खून खौल रहा था। लालाजी का यह विचित्र व्यवहार उनकी समझ से परे था। एक बार तो ऐसा लग रहा था कि यह कांग्रेसी दाँव था, जो नौजवान भारत सभा और युवा क्रांति को हतोत्साहित करने के लिए चला गया था।

उसी शाम को लाहौर के मोरी गेट में कांग्रेस ने एक विशाल सभा आयोजित की। शहर में लगी धारा 144 के होते भी यह सभा आयोजित की गई, जिसमें लालाजी ने पुलिस की बर्बरता की निंदा करते हुए सरकार को ललकारा।

''मैं आज घोषणा करता हूँ कि आज जो लाठियाँ मुझ पर बरसी हैं, वे इसी जुल्मी सरकार की ताबूत की आखिरी कील साबित होंगी।'' लालाजी ने कहा।

जाना ही एक विकल्प है। भगत सिंह ने सहमति दी और सुखदेव को योजना बनाने का दायित्व सौंप दिया। अगले महीने क्रांतिकारियों की एक बैठक लाहौर में हुई। इसमें भारतीय क्रांति के महानायक चंद्रशेखर आजाद भी शामिल हुए, जिन्होंने युवा क्रांति के इस विचार की भूरि-भूरि प्रशंसा की। उन्होंने राष्ट्रीय अपमान का बदला और युवा क्रांति की प्रसिद्धि को इस योजना की मुख्य धुरी बताकर योजना पूछी, जो सबको पसंद आई। सुखदेव के मस्तिष्क से निकली और भगत सिंह द्वारा संशोधित वह योजना सबने स्वीकार की।

इस योजना की एक विशेषता यह रही कि इसमें यह भी तय हुआ कि जो भी लालाजी के हत्यारे पर गोली चलाएगा, वह अपनी गिरफ्तारी देकर देश व सरकार को यह बताएगा कि जब तक एक भी क्रांतिकारी जिंदा है, तब तक राष्ट्रीय अपमान सहन नहीं किया जाएगा और उसका ऐसा ही परिणाम होगा। यद्यपि ऐसा हो नहीं पाया था, क्योंकि पुलिस ने उस समय डर के मारे इन क्रांतिकारियों का पीछा भी नहीं किया। योजना के क्रियान्वयन में भगत सिंह, राजगुरु और जयगोपाल के साथ स्वयं चंद्रशेखर आजाद थे। जयगोपाल को स्कॉट की रेकी का काम सौंपा गया।

निर्धारित योजना के अनुसार 15 दिसंबर, 1928 को सुपरिंटेंडेंट स्कॉट की हत्या की तिथि तय की गई थी। इसका एक कारण यह था कि 16 दिसंबर को काकोरी कांड के शहीदों को श्रद्धांजलि दी जानी थी जो स्कॉट की मौत से और अधिक अच्छी क्या होती। जयगोपाल ने चार दिन तक स्कॉट की निगरानी कर जो मुख्य बातें बताईं वे निम्न थीं—

(1) स्कॉट की गाड़ी का नंबर 6728 था, जिसमें वह अपने दफ्तर आता था।

(2) वह सुबह 10 से 11 बजे के बीच दफ्तर आता है।

(3) शाम को 4 से 5 बजे वह दफ्तर से चला जाता है।

नियत तिथि 15 दिसंबर को जयगोपाल स्कॉट के दफ्तर पर प्रतीक्षा कर रहा था, लेकिन वह नहीं आया। 12 बजे जयगोपाल ने चंद्रशेखर आजाद को यह सूचना दे दी। परिणाम यह हुआ कि उस दिन योजना स्थगित कर दी गई। अगले दिन ब्रैडला हाउस में शहीदी दिवस धूमधाम से मनाया गया। चंद्रशेखर आजाद, जो कि काकोरी कांड में सह-अभियुक्त और फरार थे, उन्हें सुखदेव और भगत सिंह ने पूर्ण सुरक्षा प्रदान की थी।

अगले दिन 17 दिसंबर को जयगोपाल फिर बारह बजे तक स्कॉट के दफ्तर के बाहर निगरानी करते रहे, लेकिन वह नहीं आया। अभी वे वहाँ से लौट ही रहे थे कि

एक मोटरसाइकिल धड़धड़ाती हुई आई। जयगोपाल ने समझा कि वह स्कॉट ही था और दौड़कर दल को सूचित किया। राजुगरु योजना के अनुसार वहाँ निरीक्षण करने पहुँचे। वे पैदल ही थे, क्योंकि उन्हें साइकिल चलाना नहीं आता था। उनके पीछे-पीछे चंद्रशेखर और भगत सिंह साइकिल पर वहाँ पहुँचे।

आजाद ने योजना के अनुसार सबको उनका कार्य समझा दिया और सबको उनके स्थान पर खड़ा कर दिया। आजाद स्वयं इस प्रकार खड़े थे कि भागने पर उनके साथियों का पीछा करनेवालों को देर की जा सके। उनके पास माउजर था, जो मुठभेड़ के लिए पर्याप्त था।

भगत सिंह और राजगुरु अपने स्थान पर पहुँच गए। दूर खड़े जयगोपाल शिकार की प्रतीक्षा कर रहे थे। उन्हें संकेत भर करना था। उनसे यह चूक हो गई थी कि वे स्कॉट की बजाय सांडर्स को चिह्नित कर चुके थे। सांडर्स भी डी.एस.पी. रैंक का उच्चाधिकारी था और वह भी वहीं था, जिसने लालाजी के सिर पर लाठी का घातक प्रहार किया था। यद्यपि क्रांतिकारियों को यह बात बाद में पता चली, लेकिन वे खुश थे कि सांडर्स को उसके किए की सजा मिली। जयगोपाल का संकेत मिला तो सभी सचेत हो गए। अपने हथियारों पर उनकी पकड़ मजबूत हो गई थी। आँखों में दृढ़ता उभर आई थी और लालाजी का ओजस्वी चेहरा बार-बार याद आ रहा था। धड़कनें बढ़ रही थीं और लक्ष्य समीप आ रहा था।

जैसे ही मोटरसाइकिल राजगुरु के सामने आई, उन्होंने सवार को लक्ष्य करके गोली चला दी। गोली सीधे सांडर्स के सिर में लगी और गोली लगते ही वह नीचे गिर गया। भगत सिंह ने तत्काल अपनी पिस्तौल से एक के बाद एक पाँच फायर किए और सांडर्स की जीवनलीला की सभी आशाएँ समाप्त कर दीं। एक सिपाही ने सांडर्स को गिरते और फायरों की आवाज सुनकर चीखना-चिल्लाना शुरू कर दिया तो फर्न नाम का एक अंग्रेज अधिकारी और दो सिपाही उधर की ओर दौड़े। जब भगत सिंह और राजगुरु बाहर की ओर दौड़े तो फर्न उनकी ओर झपटा। भगत सिंह ने पिस्तौल की आखिरी गोली भी चला दी, जिससे फर्न ने स्वयं को बचा लिया।

''मूव!'' चंद्रशेखर आजाद ने आदेश दिया।

भगत सिंह और राजगुरु दौड़कर डी.ए.वी. कॉलेज के परिसर में कूद गए। आजाद अभी भी अपने मोरचे पर डटे हुए थे। जब उन्होंने एक सब-इंसपेक्टर चानन सिंह को अपने साथियों के पीछे लपकते देखा तो उसे एक ही गोली से ठंडा कर दिया। अब किसी ने आगे बढ़ने की हिम्मत नहीं की। आजाद भी कॉलेज में पहुँच गए और अपनी साइकिल पर राजगुरु को बिठा लिया। भगत सिंह दूसरी साइकिल पर थे। तीनों बोलबाग से होते हुए 'मजंग हाउस' पहुँच गए।

सुखदेव बड़ी बेचैनी से उन सबकी प्रतिक्षा कर रहे थे। साथियों ने आकर सफलता की बधाई दी तो सुखदेव ने चैन की साँस ली। अब आगे और भी कई काम करने थे। सबसे पहले तो हथियारों को सुरक्षित स्थान पर पहुँचा दिया गया। अब तो सरकारी प्रतिक्रिया की आवश्यकता थी। सुखदेव ने पूर्व निर्धारित योजना के अनुसार चंद्रशेखर आजाद, भगत सिंह और राजगुरु को लाहौर से निकालने की व्यवस्था कर ली थी। उन्होंने इस घटना से कुछ दिन पहले ही अपनी माता रल्ली देई को लायलपुर से लाहौर बुला लिया था। फिलहाल तो कहीं भी जाना खतरे से खाली नहीं था। सबको सुरक्षित ठिकानों पर भेज दिया गया।

इसके बाद सूचना मिली कि डी.एस.पी. सांडर्स की आतंकी क्रांतिकारियों ने गोली मारकर हत्या कर दी। सुखदेव हैरान थे कि स्कॉट की बजाय सांडर्स कहाँ से आ गया, लेकिन कोई बात नहीं। योजना बनाते समय सांडर्स भी उनका लक्ष्य रहा था। रात को गुप्त मीटिंग में इस पर चर्चा हुई और जयगोपाल की इस त्रुटि को भुला दिया गया। सुखदेव ने क्योंकि योजना बनाते समय यह प्रस्ताव रखा था कि राजगुरु को अपनी गिरफ्तारी देनी है, जिससे उनके इस कार्य को देशव्यापी चर्चा और समर्थन मिले। चंद्रशेखर आजाद ने इसमें संशोधन किया कि यह कार्य प्रेस के द्वारा किया जाना उचित रहेगा। अब यह तो ब्रिटिश सरकार का भय था कि अखबारों ने क्रांतिकारियों का सहयोग नहीं किया। कोई भी अखबार क्रांति के उस महान् संदेश को छापने को तैयार नहीं हुआ तब अपने स्तर पर ही क्रांतिकारियों ने पर्चे छापे और रातोरात उन्हें लाहौर की दीवारों पर चिपका दिया गया। सांडर्स की हत्या की खबर तो अखबारों और अन्य माध्यमों से देश की जनता को मिली तथा इस खबर ने देश भर में जश्न का माहौल कर दिया था। लालाजी के हत्यारे को इतना शीघ्र और ऐसी सजा की कल्पना तो देश के लोग कर भी नहीं रहे थे, लेकिन युवा क्रांति ने यह संभव कर दिखाया था। देश को आज बड़ी आंदोलित करनेवाली खबर मिली थी और युवा क्रांति को हर जगह सराहा जा रहा था।

लाहौर में यह खबर जंगल में लगी आग की तरह फैल गई थी और अगली सुबह दीवार पर लगे पोस्टरों पर दर्ज इबारत, जो कि गुलाबी कागज पर लाल स्याही से लिखी थी, ने दबे-कुचले वर्ग में एक आशा की किरण जगा दी थी। इस पत्र में सरकार को खुली चुनौती दी गई थी, जो इस प्रकार थी—

हिंदुस्तान समाजवादी प्रजातांत्रिक सेना

(नोटिस)

नौकरशाही सावधान!

लाला लाजपतराय की हत्या का बदला उस जे.पी. सांडर्स की हत्या करके ले लिया गया है।

यह कितना अफसोसजनक था कि उस मामूली से पुलिस अधिकारी सांडर्स ने तीस करोड़ हिंदुस्तानियों के हृदय सम्राट् लालाजी पर बर्बर लाठी के प्रहार कर उनके प्राण ले लिये और पूरे देश का अपमान कर हिंदुस्तान को चुनौती देने का दुःसाहस किया।

आज सारा विश्व देख रहा है कि हिंदुस्तान की जनता निष्प्राण नहीं हो गई। उसका लहू जम नहीं गया है और देश की आन-बान पर अपने प्राणों को भी न्योछावर करने से हिंदुस्तानी हिचकते नहीं हैं। यह प्रमाण उस युवा क्रांति ने दिया है, जिसे देश के जनप्रिय नेता निंदित करते रहे हैं।

अत्याचारी सरकार सावधान!

इस देश की जनता को और पीड़ित न करो तथा इनकी भावनाओं को चोट मत पहुँचाओ। बंद करो यह अमानवीय व्यवहार। तुमने हिंदुस्तानियों को निःशस्त्र करने का कानून बनाया, लेकिन तुम्हारी लाख सुरक्षा के बाद भी ये शस्त्र क्रांति के हाथों में आते रहेंगे। इससे सशस्त्र क्रांति का स्वप्न भले ही पूरा न हो, लेकिन राष्ट्रीय अपमान का बदला लेने के लिए तो ये पर्याप्त रहेंगे। हमारे कुछ लोग हमारी कितनी भी निंदा और अपमान करें। सरकार चाहे कितना भी दमनचक्र चलाए, लेकिन हम राष्ट्र के सम्मान की रक्षा और अन्याय के विरुद्ध इसी प्रकार तत्पर रहेंगे। विरोध और दमन के सामने भी हमारे हौसले में कभी कोई कमी नहीं आएगी। हमारे गले में फाँसी का फंदा भी होगा तो भी हमारी यह बुलंद आवाज दबाई नहीं जा सकती। हम पुकारते रहेंगे—इंकलाब जिंदाबाद!

मानवीय आधार पर हमें खेद है कि हमारे हाथों एक मानव की जान गई, लेकिन वह व्यक्ति एक क्रूर, नीच और अन्यायी व्यवस्था का अंग था। इस व्यक्ति को ब्रिटिश साम्राज्य को समर्थन करते एक दुर्दांत कारिंदे के रूप में मौत के घाट उतारा गया है। यह सरकार विश्वभर की अन्य सभी सरकारों से अधिक अत्याचारी और संवेदनहीन है।

एक मनुष्य का रक्त बहाने का हमें खेद है, लेकिन क्रांति के लिए रक्त बहाया भी जाता है—यह विश्व क्रांति का इतिहास भी बताता है। हमारा लक्ष्य मानव द्वारा

मानव के शोषण को समाप्त करनेवाली क्रांति है।

इंकलाब जिंदाबाद!

18 दिसंबर, 1928

हस्ताक्षर

बलराज सेनापति, पंजाब

हिंदुस्तान समाजवादी प्रजातांत्रिक सेना

इस परचे ने ब्रिटिश साम्राज्य की चूलें हिलाकर रख दीं। सांडर्स की दिन-दहाड़े हत्या और हत्यारों का कोई सुराग न मिलने से सरकार की वैसे ही छिछालेदारी हो रही थी। उस पत्र ने तो जैसे आग में घी का काम किया। तत्काल हत्यारों की खोज में लाहौर के चप्पे-चप्पे पर पुलिस को तैनात कर दिया गया। खुफिया तंत्र सक्रिय हो उठा और जगह-जगह छापेमारी की जाने लगी। लाहौर से बाहर जाने के रास्ते बंद कर दिए गए थे।

इधर सबसे पहले भगत सिंह और राजगुरु को लाहौर से बाहर भेजने की योजना पर कार्य हुआ। सुखदेव के ऊपर ही इसका दायित्व था। उन्होंने योजना बना ली थी। वे दुर्गा देवी के पास पहुँचे। भगवतीचरण की पत्नी दुर्गा देवी साक्षात दुर्गा ही थीं। वे बढ़-चढ़कर क्रांति के कार्यों में भाग लेती थीं। भगवतीचरण इन दिनों मेरठ षड्यंत्र में पुलिस के निशाने पर थे और फरार थे।

लगभग रात के आठ बजे सुखदेव दुर्गा भाभी के घर पहुँचे। इस समय वे अपनी सखी के साथ एक अध्यापक से संस्कृत का ट्यूशन ले रही थीं। जब सुखदेव वहाँ पहुँचे तो दुर्गा भाभी ने संकेत से उन्हें अलग बुला लिया।

"भाभाजी! एक विशेष कार्य है। कहीं बाहर जा सकती हो?" सुखदेव ने कहा।

"बताओ! क्या काम है, कहाँ जाना है?"

"सांडर्स की हत्या के दल के एक साथी को लाहौर से बाहर निकालना है। आपको उसकी मेमसाब बनकर उसके साथ जाना है। काम खतरेवाला है, इसीलिए आपकी इच्छा आवश्यक है। हाँ, खतरा इतना है कि जान के लाले पड़ सकते हैं।"

"आदमी कौन है?"

"अभी यह आपके जानने की बात नहीं है और बाद में तुम सब जान जाओगी।"

"ठीक है, मैं चली जाऊँगी।"

"तो फिर पढ़ाई खत्म करो। वह मेरे साथ है और आज यहीं रहेगा।"

"तुम थोड़ी देर रुको।" दुर्गा भाभी ने कहा और मास्टरजी सहित अपनी सहेली को वहाँ से विदा कर दिया। कुछ देर बाद वहाँ एक लंबा-तगड़ा नौजवान ओवरकोट

पहने और अंग्रेजी हैट लगाए वहाँ आ गया, जिसके साथ एक रसोइया नजर आनेवाला नौकर जैसा आदमी था। दुर्गा भाभी की आँखें सिकुड़ गईं।

''य''यह''यह तो भगत है।'' दुर्गा भाभी ने कहा।

''खूब पहचाना भाभी! मान गए आपकी पारखी नजर को।'' सुखदेव हँसते हुए बोले।

''तो मेरी परीक्षा ले रहे थे। तभी नाम नहीं बता रहे थे।'' दुर्गा भाभी ने कहा, ''और क्या कह रहे थे कि बड़ा खतरा है। मैं खतरों से डरती हूँ? और जब भगत साथ है तो बिल्कुल नहीं डरती।''

''यह तो हमें पता था कि आप ही इस संकट में हमारी सहायता कर सकती हैं भाभीजी! एक तो आपका साहस और दूसरे आपकी रूप-रंगत जो बिल्कुल गोरी मेम के अनुसार है। यही सब सोचकर योजना बनाई है।''

''योजना बताओ। जितनी मुझे बताने लायक हो, उतनी ही बताना।''

यह क्रांतिदल के सदस्यों की विशेषता थी कि आवश्यकता से अधिक जानने की इच्छा कोई नहीं करता था। योजना बता दी गई।

''पता है, कुछ दिन पहले आपके भाई साहब आए थे,'' दुर्गा भाभी ने बताया, ''कलकत्ता में कांग्रेस के अधिवेशन में ले जाना चाहते थे, लेकिन शायद किस्मत में यह काम करना था तो मैंने उन्हें मना कर दिया था।''

''अब आप कलकत्ता ही तो जाएँगी। वे भी वहीं हैं। परेशानी नहीं होगी।''

''वह सब मुझ पर छोड़ो। अभी खाना खाओ।''

सुबह हुई तो दुर्गा भाभी तैयार होकर आ गईं। तीनों क्रांतिकारी उन्हें देखकर स्तब्ध रह गए। उन्होंने काम के अनुसार ही अपने आपको तैयार किया था, फिर भगत सिंह ने भाभी के बेटे शचि को कंधे पर बैठाया और साहब की तरह आगे बढ़ गए। राजगुरु टिफिन और बिस्तर लेकर नौकर की तरह उनके पीछे चल पड़े। दोनों के पास हथियार भी थे, जिससे बिगड़ती परिस्थिति को सँभाला जा सके। दुर्गा भाभी मेमसाब की तरह भगत सिंह के साथ चल रही थीं। सुखदेव की योजना सटीक थी। इस बहुरूप में उन्हें कोई पहचान नहीं पाया। लखनऊ से पहले राजगुरु उतर गए थे। लखनऊ आने पर वे दोनों उतर गए और वहाँ से कलकत्ता तार द्वारा अपने पहुँचने की सूचना दे दी।

जब वे कलकत्ता स्टेशन पर उतरे तो भगवतीचरण और सुशीला देवी उन्हें लेने आ गए थे। दुर्गा भाभी का यह आधुनिक रूप देखकर भगवतीचरण भी चकरा गए, लेकिन भगत सिंह को साथ देखकर सारी बात समझ गए।

''भई वाह! तुमने तो कमाल ही कर दिखाया।'' उन्होंने मुक्त कंठ से अपनी पत्नी की प्रशंसा की।

यद्यपि दूसरी ओर सुखदेव निश्चिंत थे कि सब सकुशल अपने गंतव्य पर पहुँच जाएँगे, लेकिन उनका हृदय ही जानता था कि उन पर क्या बीत रही थी। एक अबोध बच्चा और उसकी माँ को भयंकर खतरे के बीच जिम्मेदार वही थे। यह सच है कि सांडर्स की हत्या में सुखदेव मारक दल का हिस्सा नहीं थे, लेकिन यह भी सत्य है कि वे इस संपूर्ण घटनाक्रम में केंद्र में थे। संगठनकर्ता के रूप में सुखदेव का दायित्व बहुत अधिक था। असफलता की सफाई उन्हें अपने सिर पर लेनी पड़ती थी, क्योंकि योजना बनाना उनका कार्य था। पृष्ठभूमि में रहकर उन्हें ही सफलता के मार्ग की खोज करनी थी। सुखदेव एक प्रकार से युवा क्रांति की आँख थे।

जब तक कलकत्ता से कुशलता की सूचना प्राप्त नहीं हो गई, तब तक सुखदेव बेचैन ही रहे। सूचना मिलते ही उन्होंने ईश्वर को धन्यवाद दिया और मन-ही-मन श्रद्धा से दुर्गा भाभी के साहस और शौर्य को नमन किया। वास्तव में भारतीय क्रांति के इतिहास में इन वीरांगनाओं के योगदान को विस्मृत नहीं किया जा सकता। एक ऐसी वीरांगना, जिसने लाहौर से कलकत्ता तक के सफर में अपने मन के अनुरूप ही व्यवहार किया और माथे पर भय की शिकन तक न आने दी। वंदनीय है वह हिंद की नारी, जो बड़ा ही नहीं, बल्कि बहुत बड़ा खतरा उठा रही थी और साहस की बात यह थी कि खतरे से या उसकी गंभीरता से अनभिज्ञ भी नहीं थी।

सुखदेव का अब अगला कार्य सेनापति बलराज (चंद्रशेखर आजाद) को लाहौर से निकालना था, जिसकी वे पहले ही तैयारी कर चुके थे। अपनी माता रल्ली देई के साथ उन्होंने चंद्रशेखर आजाद को आसानी से लाहौर से दिल्ली पहुँचा दिया था। कुछ लोगों का कहना है कि आजाद स्वयं ही साधु के वेश में एक साधुदल के साथ वहाँ से निकल गए थे। ऐसा होना भी कोई बड़ी बात नहीं, क्योंकि आजाद जैसे मँझे हुए क्रांतिकारी के लिए यह भी संभव था। खैर, जैसा कि बाद में मुकदमा चला और मुखबिर बन चुके जयगोपाल ने बयान दिया था कि सेंट्रल ब्रिज पर हमें छोड़ने के बाद सुखदेव ने हमें बताया था कि पंडितजी (चंद्रशेखर आजाद) सुखदेव की माताजी और बहन व किशोरीलाल के साथ 25 या 26 दिसंबर को ही दिल्ली चले गए।

इससे यह प्रतीत होता है कि सुखदेव की ही योजना से आजाद को दिल्ली तक सुरक्षित पहुँचाया गया, जहाँ से वे साधुदल के साथ मथुरा चले गए। जो भी हो, इतना तो निश्चित है कि इस पूरे प्रकरण में सुखदेव की भूमिका केंद्रीय और सराहनीय रही।

□

असेंबली बम कांड

कहते हैं कि सच्चे वीर पुरुष धीर, गंभीर और आजाद होते हैं। उनके मन की गंभीरता समुद्र की भाँति विशाल और गहरी व आकाश की भाँति स्थिर और अटल होती है। जब ये सिंह की भाँति गरजते हैं तो सदियों तक इनकी दहाड़ सुनाई देती है।

युवा क्रांति के इन सच्चे वीरों ने गंभीरता के साथ योजना बनाई और बड़ी वीरता से सांडर्स की हत्या करके अंग्रेजों को दहलाकर रख दिया। तीन महीनों तक पुलिस यहाँ से वहाँ तक की खाक छानती फिरती रही, लेकिन वह सांडर्स के हत्यारों की झलक तक न पा सकी। भारत से लेकर ब्रिटेन तक खुफिया तंत्र की धू-धू हो रही थी।

दूसरी ओर क्रांतिदल अगले किसी धमाके की योजना बना रहा था। मार्च, 1929 में हिंदुस्तानी समाजवादी प्रजातांत्रिक सेना की केंद्रीय समिति की बैठक हुई। इस बार चर्चा का विषय बहुत संवेदनशील था। ब्रिटिश सरकार दिल्ली असेंबली में दो नए कानून पारित करने जा रही थी। एक कानून औद्योगिक विवाद कानून था और दूसरा कानून सार्वजनिक सुरक्षा बिल था। वास्तव में ये दोनों कानून ही भारत की जनता को अधिकारों से वंचित करने के उद्देश्य से लाए जा रहे थे। भारतीय श्रमिकों से हड़तालों के अधिकार छीने जाने थे और राष्ट्रीय आंदोलनों का समूल नाश करना था। समिति इस असेंबली की कार्यवाही को बाधित करना चाहती थी। समिति में इस विषय पर व्यापक चर्चा हुई और अंततः भगत सिंह ने महान् फ्रांसीसी क्रांतिकारी बेला के इन शब्दों को दोहराकर गर्जना की—

"जब सरकार गूँगी और बहरी हो जाती है तो उसे बम के धमाकों से ही जगाया जा सकता है।"

संयोग से उस बैठक में सुखदेव नहीं थे और केंद्रीय समिति ने असेंबली में बम फेंकने की राय को सर्वसम्मति से पास कर दिया। सुखदेव ने समिति के सभी फैसलों को स्वीकृति दे रखी थी। समिति की बैठक से पहले सुखदेव और भगत सिंह ने इस विषय पर गंभीर चर्चा की थी तथा इस व्यापक चर्चा में ही सुखदेव ने उस ऐतिहासिक योजना की नींव डाली, जिसने भारतीय क्रांति के इतिहास की दिशा ही बदल दी।

"भगत! अब सही समय आ गया है कि हम अपनी क्रांति से विश्व को परिचित कराएँ। विडंबना यह है कि हमारा मीडिया हमारी सहायता नहीं कर रहा। हमें वह मार्ग अपनाना होगा कि जिससे हम अपनी बात सरकार और अंतरराष्ट्रीय समुदाय के सामने रख सकें।" सुखदेव ने कहा।

"यही मेरा विचार भी है सुखदेव भाई!" भगत सिंह गंभीरता से बोले, "जब तक हम ऐसा नहीं कर पाएँगे, तब तक हमें व्यापक समर्थन नहीं मिल सकेगा और ब्रिटिश सरकार पर दबाव भी नहीं बनेगा।"

"और इसके लिए अदालत के मंच से अच्छा स्थान नहीं हो सकता। जब तक अंग्रेजी न्याय व्यवस्था को उसकी खामियाँ नहीं बताई जाएँगी, तब तक ये अत्याचार भी नहीं रुकेंगे। और यह काम केवल तुम ही कर सकते हो। हमारे दल में तुम्हारे सिवा किसी में ऐसी बौद्धिक क्षमता और प्रस्तुतीकरण की योग्यता नहीं है, जो अंग्रेजों की न्यायिक व्यवस्था को तथ्यपूर्ण ढंग से ललकार सके।"

"मैं तैयार हूँ सुखदेव! सांडर्स की हत्या के समय भी तुमने यही राय दी थी, जो मुझे बहुत अच्छी लगी। यही मार्ग ऐसा है, जो क्रांति के अर्थ और विचारों को जनमानस के सामने ला सकता है। अब मैं पूरी तरह तुमसे सहमत हूँ और अवसर मिलते ही यह काम मैं अवश्य करूँगा।"

इस प्रकार दोनों मित्रों ने एक ऐतिहासिक योजना बना ली थी। समिति की बैठक में सुखदेव नहीं जा सके, लेकिन उन्होंने भगत सिंह को यह संकेत कर दिया था कि यही वह अवसर था, जिसकी प्रतीक्षा उन्हें बहुत दिनों से थी।

समिति की बैठक हुई। भगत सिंह ने चंद्रशेखर आजाद को बैठक से पहले ही सुखदेव की महत्त्वाकांक्षी योजना बता दी थी कि अब क्रांति का प्रचार अदालत के मंच से हो तो इसका अंतरराष्ट्रीय लाभ मिल सकता था। आजाद ने सारी बात सुनी और गंभीरता से मनन किया तो पाया कि योजना एकदम सटीक थी। बैठक हुई और समिति में इस विषय पर चर्चा हुई। सबने इस महत्त्वाकांक्षी योजना का स्वागत किया और प्रसन्नता व्यक्त की कि अब भारतीय क्रांति सही दिशा में जा रही है। बम

विस्फोट के बाद गिरफ्तारी देना तय हुआ और दिल्ली असेंबली में बम फेंकने के लिए दो सदस्यों के नामों पर विचार-विमर्श होने लगा। भगत सिंह क्योंकि आजाद से बात कर चुके थे तो निश्चिंत थे कि उनके नाम पर विचार-विमर्श अवश्य ही होगा, लेकिन ऐसा नहीं हुआ। बैठक में आजाद ने दो अन्य सदस्यों के नामों की घोषणा कर उन्हें स्तब्ध कर दिया। वास्तव में चयन समिति का मानना था कि भगत सिंह पहले पुलिस की दृष्टि में थे और इस बार निश्चित ही पकड़े जाते। उनका पकड़ा जाना युवा क्रांति पर एक करारा आघात होता। इन्हीं सब बातों ने इस कार्य से भगत सिंह को अलग कर दिया, जिसका उन्हें बहुत अफसोस हुआ। उन्होंने अनुरोध भी किया कि यह कार्य उन्हें सौंपा जाए, लेकिन उनका अनुरोध स्वीकार नहीं किया गया।

भगत सिंह बुझे मन से सुखदेव के पास पहुँचे। संयोग से यह सूचना सुखदेव को पहले ही मिल गई थी और वे स्तब्ध भी थे।

''भगत! यह मैंने क्या सुना! जिस अवसर की प्रतीक्षा में तुमने अपने सिर पर क्रांति का सेहरा रखा था, जब वह अवसर आया तो तुम्हारी हिम्मत परास्त हो गई। क्या मौत का डर तुम्हें इतना सताने लगा कि तुमने पीठ दिखा दी या मैं यह समझूँ कि यह तुम्हारे अहंकार का परिणाम है या तुम भी भाई परमानंद की भाँति एक ऐसे कलंकित फैसले की प्रतीक्षा में हो, जब लाहौर हाईकोर्ट ने उन्हें दल का सर्वेसर्वा होते हुए भी कायर कहकर धिक्कारा। ऐसा कायर, जो अपने प्राण बचाकर दूसरों को मौत के मुँह में भेजता था।''

''सुखदेव! तुम जानते हो कि तुम क्या कह रहे हो?'' भगत सिंह आहत हो उठे।

''मैं ठीक कह रहा हूँ। मुझे तुमसे यह आशा नहीं थी। जब तुम जानते थे कि तुम्हारे सिवा कोई और दल के उद्देश्य और बम विस्फोट की राजनीतिक समीक्षा नहीं कर सकता तो फिर यह निर्णय तुम्हें क्यों मान्य हुआ कि बम फेंकने तुम नहीं जाओगे। इससे तो स्पष्ट है कि तुमने कायरता का प्रदर्शन किया है।''

''तुम मेरा अपमान कर रहे हो सुखदेव!''

''मैं अपने मित्र के प्रति अपने कर्तव्य को पूरा कर रहा हूँ। उस मित्र के प्रति जिसके लक्ष्य, क्षमता और विलक्षणता के बारे में मुझे सबसे अधिक पता है।''

''ठीक है। भविष्य में तुम मुझसे कोई बात नहीं करना।''

भगत सिंह वहाँ से चले आए और उनका दिमाग बार-बार सुखदेव की कठोरता पर केंद्रित हो जाता। ऐसा नहीं था कि वे नहीं जानते थे कि सुखदेव ने

जो कहा, उसका एक-एक शब्द केवल उस महान् क्रांतिकारी के मन के उस कोने से निकले थे, जहाँ से सफलता की व्यथा उत्पन्न होती है। वे स्वयं समझ रहे थे कि क्रांति के मार्ग पर गुप्त लड़ाइयाँ ऐसे शक्तिशाली साम्राज्य का कुछ भी नहीं बिगाड़ सकतीं। एक सांडर्स के मर जाने से दमनकारी समाप्त नहीं हो गए थे। इस प्रकार की हत्याएँ या विरोध सरकार को क्षणिक बौखला भर सकते थे, उसकी मनोवृत्ति को बदल नहीं सकते थे। जब तक अंतरराष्ट्रीय स्तर पर सरकार की अमानवीय करतूतों का खुलासा नहीं होगा, तब तक वह दबाव में नहीं आएगी।

भगत सिंह ने बहुत विचार किया और हर कसौटी पर सुखदेव के तर्कों को खरा पाया। यह एक ऐतिहासिक विचार था और सही अर्थों में क्रांति का अर्थ था। भगत सिंह ने केंद्रीय समिति से आग्रह करके एक और बैठक बुलाई। सुखदेव भी उस बैठक में थे, लेकिन वे गुमसुम बैठे थे। भगत सिंह ने अपनी पैरवी स्वयं की और उनके तर्कों के सामने केंद्रीय समिति को झुकना पड़ा। निर्णय बदला गया। भगत सिंह को ही असेंबली में बम फेंकने का कार्य सौंपा गया। उन्होंने दूसरे साथी के रूप में बटुकेश्वर दत्त को चुना। हालाँकि राजगुरु भी उनके साथ जाना चाहते थे।

सुखदेव इस निर्णय के पश्चात वहाँ से ही नहीं, लाहौर से भी चले गए और जब अगले दिन लौटे तो दुर्गा भाभी के घर पहुँचे। दुर्गा भाभी ने 'संस्मृतियाँ' के लेखक शिव वर्मा को बताया था—

"दूसरे दिन जब वह लाहौर पहुँचा तो बहुत अधिक रोने के कारण उसकी आँखें सूझ गई थीं। वह मौन था और ऊपर से बहुत सामान्य दिखने का प्रयास कर रहा था, लेकिन सच यह था कि वह अंदर से बुरी तरह हिल गया था। क्रांति में ध्येय की पूर्ति में उसने प्रिय दोस्त की बाजी लगा दी थी।"

यह सच भी था। अपने परिवार से भी मोह न रखनेवाले सुखदेव को भगत सिंह से ऐसा मोह था कि गौर से देखा जाए तो विधाता ने भी उन दोनों मित्रों की मित्रता का सम्मान करते हुए उन्हें अंतिम समय एक साथ ही संसार से प्रस्थान करने का अवसर दिया था। इसे दैवीय संयोग कहते हैं।

शिव वर्मा ने इन दोनों के बारे में अपनी पुस्तक 'संस्मृतियाँ' में लिखा है—

"सुखदेव को व्यक्तिगत तौर पर भगत सिंह से ही अधिक ममता थी। प्यार नाम की जो भी पूँजी सुखदेव के पास थी, वह उसने भगत सिंह को सौंपी थी। समय आने

पर आदर्श के लिए अपने इसी सबसे प्यारे दोस्त को भी मौत के मुँह में भेजने में सुखदेव हिचकिचाया नहीं।''

स्वयं सुखदेव बहुत व्यथित हो रहे थे और एकांत में खूब रोए भी थे, लेकिन शीघ्र ही स्वयं को सँभाल लिया था। क्रांति का मार्ग बड़ा विकट होता है। इसमें ममत्त्व के लिए स्थान ही नहीं है। बड़े निर्णय बड़े बलिदान माँगते हैं और इस बलिदान को देनेवाले ही महामानव कहे जाते हैं। सुखदेव ने अपने परम मित्र और अंतरंग सखा का मातृभूमि के लिए बलिदान कर दिया था। चंद्रशेखर आजाद ने भगत सिंह के तर्कों के समक्ष अपना निर्णय बदला था तो वे तर्क सुखदेव के थे। मौन बैठे सुखदेव अपने मित्र की वाणी में अपने शब्दों को देख रहे थे और प्रसन्न थे कि समिति के सामने जैसा सुदृढ़ प्रस्तुतीकरण भगत सिंह ने किया, वैसा ही वे अदालत में करने में सक्षम थे। यही बात तो थी, जिसने सुखदेव को बाध्य किया कि भगत सिंह ही इस महान् कार्य के लिए चुने जाएँ। गंभीर चिंतक और प्रखर वक्ता भगत सिंह वाणी पर अधिपत्य रखते थे।

दिल्ली असेंबली की बैठक 8 अप्रैल, 1928 को होनी थी, जिसमें यह तो निश्चित था कि असेंबली में उन कानूनों को बहुमत से निरस्त और बहिष्कृत किया जाएगा तथा सरकार भी इस बात को जानती थी। सरकार ने बहुमत विरोध का जो तोड़ निकाला था वह भी सब जानते थे। बहुमत से विरोध होने पर बिलों को वायसराय के विशेषाधिकार से पारित कर दिया जाना था। समिति ने तय किया था कि जब विरोध के बाद वायसराय अपने विशेषाधिकार का अनुचित प्रयोग करे, तब बम फेंके जाएँगे। साथ ही यह भी कहा गया कि बम इतने शक्तिशाली तो नहीं हैं, जो असेंबली सदस्यों तक प्रभाव करें, फिर भी उन्हें इस प्रकार नियंत्रित किया जाए कि किसी सदस्य को क्षति न पहुँचे। बम विस्फोट का अर्थ हत्या करना नहीं, बल्कि सरकार को चेतावनी देना था।

यह भी निर्णय हुआ कि उस दिन दिल्ली में युवा क्रांति के अधिकांश सदस्य नहीं रहेंगे। दल तीन-चार दिन पहले ही दिल्ली पहुँच गया था और भगत सिंह ने असेंबली की तीन-चार दिन तक रेकी भी की थी। वहाँ शिव वर्मा, जयदेव, भगत सिंह और बटुकेश्वर दत्त ही ठहरे थे। चंद्रशेखर आजाद को झाँसी जाना था तो शिव वर्मा उन्हें स्टेशन तक छोड़ने गए। वहाँ आजाद ने जिन भावपूर्ण शब्दों में शिव वर्मा को उन महानायकों के प्रति उद्‌गार किए, वे बड़े संवेदनापूर्ण थे। शिव वर्मा ने आजाद के उन उद्‌गारों को इस प्रकार प्रकट किया है—

''कुछ दिनों में भगत सिंह तथा दत्त इतिहास पुरुष एवं राष्ट्र की संपत्ति हो जाएँगे और तब केवल उनकी यादें ही रह जाएँगी। तब तक के लिए मेहमान समझकर इन दोनों की आराम, तकलीफ का ध्यान रखना।''

यह आजाद जैसे युगद्रष्टा की दिव्यदृष्टि थी, जो आगे तक झाँक रही थी, क्योंकि वे समय तक ब्रिटिश साम्राज्य की अनीति देख रहे थे।

निश्चित तारीख को भगत सिंह और बटुकेश्वर दत्त असेंबली में पूरी तैयारी के साथ मौजूद थे। असेंबली की कार्यवाही शुरू हो गई। जैसी कि अपेक्षा थी। दोनों बिल बहुमत से निरस्त कर दिए गए। यह असेंबली में उपस्थित सदस्यों की एकजुटता का प्रमाण था, जिनमें मोतीलाल नेहरू, सरदार पटेल, मोहम्मद अली जिन्ना और पंडित मदनमोहन मालवीय जैसे दिग्गज भारतीय नेता थे। अब बारी सरकार के तमाशे की थी, जो विशेषाधिकार के अनुचित प्रयोग के साथ शुरू होना था। यही हुआ। सदस्यों के बहुमत को ताक पर रखकर वायसराय उठ खड़े हुए। अब कोई शंका ही नहीं थी, क्योंकि ब्रिटिश सरकार की तानाशाही चरम पर थी। भगत सिंह के साथी, जो इस कार्य से अलग थे, वायसराय पर दृष्टि टिकाए हुए थे, क्योंकि उन्हें वहाँ से निकलना था। वायसराय जॉर्ज शुस्टर उठ खड़े हुए और उन्होंने विशेषाधिकार से बिलों को भारतीय जनमानस पर थोपने की घोषणा कर दी।

भगत सिंह ने उसी क्षण अखबार में लिपटा बम वायसराय के पीछे फेंक दिया, जिससे जोरदार धमाका हुआ। अभी कोई कुछ समझ पाता, तब तक दत्त ने भी दूसरा बम फेंक दिया। अब भगदड़ मच गई। वायसराय को लगा कि आज प्राण नहीं बचेंगे तो वह चीखता हुआ डेस्क के पीछे छिप गया। भगत सिंह ने उसी क्षण दो फायर कर दिए। अब तो सभी को अपनी-अपनी जान की फिक्र हुई और थोड़ी देर में ही असेंबली हॉल में मोतीलाल नेहरू, मदनमोहन मालवीय, सरदार पटेल और मोहम्मद अली जिन्ना ही अपनी कुरसियों पर बैठे थे।

इंकलाब जिंदाबाद!

साम्राज्यवाद का नाश हो!!

दुनिया के मजदूरों एक हो!!!

इतना कहकर भारतवर्ष को दोनों वीर सपूतों ने अनेक परचे असेंबली हॉल में बिखेर दिए। भगत सिंह ने अपनी पिस्तौल मेज पर रख दी। तब कहीं जाकर पुलिस अधिकारी समझे कि वहाँ कोई मुठभेड़ नहीं हो रही। दोनों को घेर लिया गया, लेकिन वे दोनों मुसकरा रहे थे। इतिहास के लिए एक तारीख और मिल गई, जिसे

वह अपने पन्नों पर सहेजकर गर्व करता।

दोनों वीर सपूतों को गिरफ्तार कर लिया गया और पुलिस स्टेशन में उनसे बयान देने को कहा गया।

''हम पुलिस के सामने कोई बयान नहीं देंगे, बयान अदालत में ही होंगे।'' दोनों ने दृढ़ स्वर में कहा।

उन निर्भीक एवं साहसी क्रांतिकारियों के माथे पर न तो कोई भय था और न कोई शिकन।

असेंबली हॉल में भगत सिंह और बटुकेश्वर दत्त ने जो परचे फेंके थे, वे क्रांति के अर्थ और उद्‌देश्य को स्पष्ट करते थे। पुलिस ने सभी परचे बटोर लिये थे, लेकिन कहते हैं कि सत्य तो कब्र को फाड़कर भी बाहर आता है। इंकलाब की आवाज को दबाया नहीं जा सकता। जाने किस प्रकार एक परचा सरकार के कब्जे से छूटकर 'हिंदुस्तान टाइम्स' समाचार-पत्र को मिल गया जो त्वरित शाम के संस्करण में ही छप गया। उसने भूचाल की स्थिति उत्पन्न कर दी। इसका मजमून इस प्रकार था—

''हिंदुस्तान समाजवादी प्रजातांत्रिक सेना''

आज फ्रांस के महान् क्रांतिकारी बेला के अमर शब्द हमारे कार्य का औचित्य सिद्ध करते हैं कि बहरों को सुनाने के लिए धमाकों की आवश्यकता होती है।

ब्रिटिश सरकार ने पिछले एक दशक से सुधारों का नाम ले लेकर जिस प्रकार हमारे अधिकारों का शोषण किया है, उन्हें दोहराने की आवश्यकता नहीं है। जिस प्रकार से इस क्रूर सरकार ने हमारे राष्ट्रीय नेताओं का अपमान किया है और जनमानस को अमानवीय यातनाएँ दी हैं, उन्हें भी हम यहाँ नहीं दोहरा रहे।

हम तो यहाँ उन लोगों की आँखें खोलने आए हैं, जो साइमन कमीशन के नाम पर ब्रिटिश सरकार से सुधारों की आशा ठीक उस प्रकार रखते हैं, जैसे चील के घोंसले में मांस की आशा। आज सरकार ने विशेषाधिकार के तानाशाही प्रयोग से औद्योगिक विवाद बिल और सार्वजनिक सुरक्षा बिल जैसे जनविरोधी कानून पारित किए तो क्या ये सरकार की नीयत की पोल नहीं खोल रहे! 'प्रेस सैडीशन ऐक्ट' से अखबारों पर भी नकेल रखने का बिल अगली बार पारित करने के लिए सुरक्षित रखा है। इससे आम जनता की आवाज उसके गले में ही घोंट दी जाएगी। अपने अधिकार के लिए लड़ते श्रमिकों की गिरफ्तारी क्या इस तानाशाही की रक्तपिपासु प्रवृत्ति को स्पष्ट नहीं कर रही है।

कोई सहे तो सहे, लेकिन हिंदुस्तान समाजवादी प्रजातांत्रिक सेना इस क्रूर अन्याय को नहीं सह सकती। सेना प्रतिबद्ध है कि सुधार के नाम पर लागू किए जाने वाले इन जनविरोधी काले कानूनों से भारतीयों के अपमान को रोका जाए।

हमारा विशेष आग्रह जनता के उन प्रतिनिधियों से है, जो जनता के सेवक होने का दंभ भरकर पार्लियामेंट में बैठते हैं और वहाँ की पाखंडपूर्ण कार्यवाही को आँखें बंद करके देखते हैं। उन्हें चाहिए कि वे देशहित में अपने-अपने क्षेत्रों में जनता को ब्रिटिश सरकार के शोषण और दमन के विरुद्ध जागरूक करें तथा उन्हें क्रांति के लिए प्रेरित करें। बहुत सह चुके, अब मत सहो।

ब्रिटिश सरकार को भी समय के रहते समझ लेना चाहिए कि तानाशाही भरे काले कानूनों को जबरन थोप देना सरल हो सकता है और क्रूरता के साथ लाला लाजपतराय जैसे वीर क्रांतिकारियों की हत्या करना भी आसान है, लेकिन विचारों के दावानल को कोई नहीं रोक सकता। परिकल्पनाएँ अमर होती हैं। विचार अमर होते हैं और उन्हें संसार का कोई अस्त्र-शस्त्र नहीं काट पाया है। विश्व का इतिहास साक्षी है कि अन्याय पर आधारित बड़े-बड़े साम्राज्य तक धूल-धूसरित हो गए हैं। बोखन, जार किसी का नामोनिशान नहीं रहा। सबके सब मिट गए। फिर भी विश्व के इतिहास में क्रांतिकारियों की पवित्र यशोगाथा आज भी अमर है।

हम प्रत्येक व्यक्ति के जीवन को समझते हैं और उस जीवन के अधिकारों पर अतिक्रमण की घोर निंदा करते हैं। हम संसार के ऐसे निर्मल और उज्ज्वल रूप की कामना करते हैं, जहाँ स्वतंत्रता सबका समान अधिकार हो और खुशियाँ चहुँओर कलरव करें। हम रक्त बहाने के पक्ष में नहीं हैं, लेकिन क्रांति से स्वतंत्रता और मानव-से-मानव को शोषण मुक्त करने के लिए क्रांति का यह महापर्व रक्ताभिषेक माँगता है।

इंकलाब जिंदाबाद!

हस्ताक्षर

बलराज

कमांडर इन चीफ

इस पत्र के खौलते सवालों और दहकते जवाबों ने जनता के बीच एक जोशीली भावना पैदा कर दी। बम विस्फोट और क्रांतिनायकों की स्वेच्छा से गिरफ्तारी ने समस्त भारतीय जनमानस को इस क्रांति से ही नहीं, बल्कि इसके उद्देश्य से भी परिचित करा दिया था। युवा क्रांति को जनमानस में हार्दिक स्वागत के साथ स्थान

मिला। जिन क्रांतिकारियों को लुटेरे, आतंकी बताकर सरकार ने समाज को भ्रमित कर रखा था, आज वे जनमानस की सहानुभूति प्राप्त कर चुके थे।

सुखदेव का विचार सफल हो गया। उन्होंने इस संबंध में केवल इतना ही कहा, "क्रांति का अर्थ ही जनता की भावनाओं के अनुसार कार्य करना है।"

सुखदेव ने यह तो सिद्ध कर दिया था कि जिसके मन में सच्ची भावना होती है और जो बिना किसी प्रशंसा या मूल्य की इच्छा से अपने कर्तव्य का पालन करते हैं, वे भले ही परदे के पीछे रहें, लेकिन उनकी विलक्षण प्रतिभा की चमक चारों ओर फैल जाती है।

आदि से अंत तक सुखदेव भारतीय क्रांति के इतिहास के उस समय का प्रतिनिधित्व करते हैं, जब क्रांति के महानायक क्रांति पटल पर चमक रहे थे। सत्य भी है कि युद्ध चंद्रगुप्त ने ही लड़े थे, लेकिन जीत का मार्ग तो चाणक्य ही प्रशस्त किया करते थे।

□

सुखदेव की गिरफ्तारी

अब सुखदेव अपने कार्यों में और भी अधिक सक्रिय हो गए थे। वे जानते थे कि भगत सिंह की गिरफ्तारी के बाद उनके सिर पर जिम्मेदारियाँ और भी बढ़ गई हैं। कहीं-न-कहीं उनके हृदय में भी मित्रवत् संवेदनाएँ ऐसी थीं, जो उन्हें बहुत व्यथित करती थीं। सुखदेव को भगत सिंह की बहुत याद आती और वे इस अंतर्द्वंद्व में फँस जाते कि यह उन्होंने क्या किया। उनके अंतर का क्रांतिपुरुष तो यही कहता है कि उन्होंने वही किया जो उचित था। फिर भी उनका मित्रमन इसके विपरीत लगता। ऐसी स्थिति में सुखदेव ने वही किया, जो एक धीर-गंभीर सच्चा क्रांतिकारी करता है। उन्होंने स्वयं को पूर्ण व्यक्त कर दिया और दल के लिए अधिक-से-अधिक समय देने लगे। अब सुखदेव पूरी तरह क्रांति को समर्पित हो गए थे।

जब हिंदुस्तान सोशलिस्ट रिपब्लिकन एसोसिएशन का गठन हुआ था तो दल की आर्थिक स्थिति उस समय इतनी खराब थी कि समिति की बैठक में आए क्रांतिकारियों के पास वापस जाने के लिए किराए तक के भी पैसे नहीं थे। इस आर्थिक स्थिति को देखते हुए सुखदेव और भगत सिंह ने अपने साथियों के साथ मिलकर नेशनल बैंक में डकैती डालने के लिए योजना बनाई, जिस पर क्रियान्वयन भी किया गया, लेकिन यह अपरिहार्य कारणों से सफल नहीं हो सकी।

दल ने समय-समय पर अपनी उपस्थिति दर्ज कराते रहने संबंधी कार्य किए, जिसमें सुखदेव की भूमिका अवश्य ही होती थी और यह इसलिए भी प्रमाणित होता है कि वे पंजाब की क्रांति के संगठनकर्ता थे। दल की नियमावली, जिसकी चर्चा मुखबिर बने कायर लोगों ने की थी उससे स्पष्ट है कि इस दल के नियम साधारण नहीं थे और प्रत्येक सदस्य को अपने वरिष्ठ की आज्ञा का अनुपालन करना ही था। चंद्रशेखर आजाद इस दल के सेनापति थे और वे अधिकांश निर्णयों में संशोधन भी

करते थे, जो उनके पद, अनुभव और वरिष्ठता के अनुकूल था। फिर भी यह कहा जा सकता है कि पंजाब की क्रांति में इस दल का प्रतिनिधित्व सुखदेव के हाथों में होने के कारण अधिकांश कार्यों में इनकी प्रत्यक्ष या अप्रत्यक्ष भूमिका रही थी।

सुखदेव ने दल को मजबूत करने के लिए कार्य किया। आर्थिक सुदृढ़ता के प्रयास भी किए और शक्ति सुदृढ़ता के भी। जब साइमन कमीशन लाहौर आ रहा था तो दल ने उस पर बम फेंकने का प्रस्ताव रखा, जो इस कारण क्रियान्वित न हो सका कि दल के पास तैयार बम नहीं था। तब सुखदेव ने इस आवश्यकता को महसूस किया और विस्फोटक के निर्माण संबंधी साहित्य पढ़ डाला। इसके साथ ही भगत सिंह भी अपने कलकत्ता प्रवास के समय बम बनाने का प्रशिक्षण लेकर आए, जो बाद में सुखदेव को भी बताया। क्रांतिदल पर निश्चित ही फ्रांस और रूस की क्रांति का प्रभाव था, इसमें कोई शंका ही नहीं है। चंद्रशेखर आजाद के नेतृत्व में वायसराय पर भी बम प्रहार किया गया था, जिसमें वायसराय की जान जाते-जाते बची थी। उसके बाद भी आजाद के नेतृत्व में भगत सिंह और बटुकेश्वर दत्त को जेल से छुड़ाने का प्रयास किया गया, जिसमें सफलता तो नहीं मिली, उलटे अंग्रेजों को सचेत होने का नेतृत्व मिल गया।

सुखदेव ने दल की इस आवश्यकता को देखते हुए लाहौर में बम फैक्टरी का निर्माण किया, जहाँ उनकी देख-रेख में बमों का निर्माण होता था। यह फैक्टरी लाहौर में ही कश्मीर बिल्डिंग में थी, जिसे 16 मार्च, 1926 को भगवतीचरण के नाम से किराए पर ले लिया गया था। यह बिल्डिंग बम बनाने के अलावा उन क्रांतिकारियों का ठिकाना भी थी, जो बाहर से लाहौर आते थे।

सुखदेव इसके सर्वेसर्वा थे और जयगोपाल, किशोरीलाल आदि सदस्य उनके निर्देशानुसार कार्य करते थे। बम बनाने के खोल गुलाम रसूल नाम के व्यक्ति द्वारा बनाए जाते थे, जो यह नहीं जानता था कि उस पुरजे का क्या इस्तेमाल होता है। फैक्टरी में बम बनाने की अन्य सामग्री रहती थी। यह एक बहुत ही गुप्त कार्य था, जिसकी भनक भी किसी को नहीं लगने दी जा सकती थी, लेकिन विडंबना यह रही कि अगले महीने ही इस फैक्टरी पर पुलिस का छापा पड़ा। इस संबंध में पुलिस को कैसे पता चला, कुछ ठोस रूप से नहीं कहा जा सकता। फिर भी इस संबंध में जो प्रमाण मिलते हैं, वह पुलिस की निरंतर खोजबीन से ही संभव हुआ। सुखदेव की प्रोसीडिंग बुक इस रहस्य को भी खोलती है, जिसमें गुलाम रसूल खरादिये के पिता का बयान उल्लिखित है। जलालुद्दीन नाम का यह व्यक्ति नूरशाह नाम के एक हेड कांस्टेबल का मित्र था। जैसा कि कहा जा चुका है कि पुलिस चारों ओर सूँघती फिर

ही रही थी तो संभव यही है कि जलालुद्दीन द्वारा ही नूरशाह को इस संबंध में कोई जानकारी मिली या फिर किसी खबर की सूँघ में घूमता नूरशाह जलालुद्दीन की दुकान पर पहुँचा हो और वहाँ उसने बम बनाने के खोल देखे हों। अधिक संभावना इसी बात की लगती है। वह पुलिसवाला था और उसे शस्त्र परखने का अनुभव भी था। उसने जब उन पुरजों को देखा होगा तो जान गया होगा कि वह किस काम आते हैं। फिर उसने शक के आधार पर निगरानी की और उस व्यक्ति की प्रतीक्षा में लग गया, जो उन पुरजों को लेने आता। किशोरीलाल उन पुरजों को लेने आए और नूरशाह ने उनका पीछा करके कश्मीर बिल्डिंग के बारे में जान लिया। नूरशाह ने यह सूचना अपने अधिकारियों को दी। अंग्रेजी प्रशासन तो ऐसी सूचनाओं की प्रतीक्षा करता था। तत्काल पुलिस दल तैयार हो गया।

यह 14 अप्रैल, 1929 की रात थी। सुखदेव ने जयगोपाल को विक्टोरिया मूर्ति के पास बुलाया, जहाँ वे दोनों काफी देर तक बातें करते रहे। सुखदेव इन दिनों कुछ उद्विग्न थे और एक अजीब सी बेचैनी उन्हें घेरे हुए थी। कारण जो भी हो, लेकिन उन दिनों सुखदेव कुछ व्यथित अवश्य थे। संभवत: उन्हें परम मित्र भगत सिंह की याद परेशान कर रही हो। सुखदेव ने बातों-ही-बातों में जयगोपाल से ढेर सारी बातें कह दीं, जो बाद में उनके लिए घातक सिद्ध हुईं। जयगोपाल एक कायर हृदय का व्यक्ति था। संभवत: सुखदेव को यह बात पता नहीं थी। वे वहाँ से एक्सलसियर सिनेमा में फिल्म देखने गए, जहाँ उन्होंने जयगोपाल को सिविल मिलिटरी गजट में छपे भगत सिंह और बटुकेश्वर दत्त के कुछ फोटो भी दिखाए। इससे भी स्पष्ट है कि सुखदेव की मानसिक अशांति का कारण अपने परम मित्र की याद ही थी। फिल्म देखने में उनका मन नहीं लगा और वे दोनों बीच में ही उठकर चले आए तथा कश्मीर बिल्डिंग में आकर सो गए।

15 अप्रैल, 1929 को सुबह-सुबह सबने स्नानादि किया।

''जयगोपाल!'' सुखदेव ने पुकारा।

''जी हाँ।'' जयगोपाल ने कहा।

''तुम्हें अमृतसर जाना है। वहाँ कालीचरण वाले मकान का किराया देना है।''

''ठीक है, मैं चला जाता हूँ।''

सुखदेव ने दस रुपए निकालकर जयगोपाल को थमाए ही थे कि तभी वहाँ पुलिस आ गई। सब स्तब्ध रह गए। किसी को कुछ भी सोचने का मौका ही नहीं मिला था। एक साथ कई पुलिसवाले उन्हें घेर चुके थे। कुछ करने का अवसर ही नहीं था। यद्यपि सुखदेव के पास पिस्तौल थी और वे चाहते तो प्रयास कर सकते थे,

लेकिन दूरदर्शी सुखदेव जानते थे कि वह प्रयास असफल तो सिद्ध होगा ही और उनकी आगे की योजनाएँ भी व्यर्थ हो जाएँगी। किशोरीलाल और जयगोपाल भी दबोच लिये गए। सुखदेव ने अपनी जेब से पिस्तौल निकालकर पुलिस को दे दी।

यहाँ सुखदेव के चेहरे पर परेशानी और भय के कुछ भाव थे, लेकिन यह भय गिरफ्तारी का नहीं था। उनकी जेब में एक कागज था, जिसमें कुछ गुप्त जानकारी लिखी थी और सुखदेव उन्हें किसी भी कीमत पर पुलिस के हाथ नहीं पड़ने देना चाहते थे।

सुखदेव ने त्वरित निर्णय लिया और कागज जेब से निकालकर मुँह में रख लिया। पुलिस अधिकारी अब्दुल अजीज ने झपटकर उनका हाथ पकड़ा और अन्य कई पुलिसवाले भी उनसे लिपट गए। अब्दुल अजीज ने उनके गले को इतनी जोर से दबाया कि सुखदेव की आँखें उलटने लगीं, लेकिन भारतवर्ष के उस वीर सपूत ने अपनी इच्छाशक्ति से उस कागज को उदरस्थ कर लिया। जब पुलिस का प्रयास असफल हो गया तो उनका गला छोड़ दिया गया। सुखदेव निढ़ाल से जमीन पर गिर पड़े। उन्हें गिरफ्तार कर लिया गया।

वहाँ की तलाशी हुई और इसमें पुलिस को बहुत सी महत्त्वपूर्ण चीजें मिलीं। सुखदेव की रिवॉल्वर और कलाई घड़ी तो वे पुलिसवाले पहले ही ले चुके थे। इसके अलावा वहाँ का एक जिंदा बम, आठ बमों के खोल, ढेर सारे रासायनिक पदार्थ, बम निर्माण से संबंधित एक नोटबुक, एक हवाई पिस्टल, अट्ठारह कारतूस, दो साइकिल, पुरजे, औजार और बरतन आदि मिले।

'दि रिवोल्यूशनरी' शीर्षक के दो पोस्टर और बटुकेश्वर दत्त का चित्र भी वहाँ मिला। कुछ क्रांतिकारी साहित्य भी वहाँ से प्राप्त हुए, जिनमें काकोरी के शहीद के अलावा अंग्रेजी में भी कुछ साहित्य थे, जो इस प्रकार हैं—

- What do we want
- Revolutionary Biography
- Foundry Work
- Pattern Making
- Infantry Training
- Small Arms Training Vol. I & II
- Sepay Officers Manual

सवाल उठता है कि हथियार होते हुए भी सुखदेव ने सहज ही गिरफ्तारी क्यों दे दी। इस संबंध में जयगोपाल ने भी एक टिप्पणी की है, "मैंने सुखदेव से तलाशी के

दौरान कहा कि उसने रिवॉल्वर का इस्तेमाल क्यों नहीं किया? उसने जवाब दिया कि वह चाहता तो था, लेकिन अवसर ही नहीं मिला।''

सुखदेव ने कहा है कि बकवास! ऐसा होना संभव ही नहीं था। इस वाक्यांश में परिस्थिति का स्पष्ट पता चलता है। सुखदेव केवल उग्र क्रांतिकारी ही नहीं थे, बल्कि क्रांति की आँच में तपकर पूर्ण परिपक्व थे। वे उन विपरीत परिस्थितियों में रिवॉल्वर का प्रयोग कर अपनी बौखलाहट नहीं दिखा सकते थे, क्योंकि इस प्रकार पुलिस से घिरे होने पर मुकाबले की बात सोचना भी मूर्खता होती। गिरफ्तारी से तो उन्हें भय कभी नहीं था, क्योंकि ऐसे अवसर की प्रतीक्षा तो उन्हें सदैव ही थी। अब वे भी अपने मित्र के साथ ही क्रांति का प्रचार अदालत के मंच से करनेवाले थे।

जो भी हो, सुखदेव जैसे महान् क्रांतिकारी पर यह आरोप जिसने भी लगाया कि उन्होंने आसानी से अपनी गिरफ्तारी दे दी, वह संभवत: क्रांति युद्ध की ए.बी.सी.डी. नहीं जानता होगा। क्रांति को जो नई दिशा सुखदेव और भगत सिंह ने दी वह इसी परिप्रेक्ष्य में संभव थी। कोई संदेह नहीं कि जब पुलिस कश्मीर बिल्डिंग में छापा मारने गई थी तो वह पूरी तैयारी से गई थी। ऐसा भी हो सकता था कि ब्रिटिश प्रशासन इतना निश्चिंत हो जाता कि जहाँ बम बनाने का काम होता था, वहाँ मुठभेड़ की संभावना नहीं थी। क्या सुखदेव के हाथ से चली एक या दो गोली और एक दो पुलिसवालों की मौत से परिदृश्य पूरी तरह से बदल नहीं जाता। जो ऐतिहासिक अदालती तमाशा विश्व समुदाय ने देखा, जिसने ब्रिटिश सरकार की भर्त्सना की, सुखदेव की कश्मीर बिल्डिंग में शहादत से इतना मुखर और विश्वप्रिय हो जाता! जिस शख्स का लक्ष्य ही अदालती मंच से सरकार के मुखौटे को उतार फेंकना था और इसके लिए वे अपने अनन्य मित्र को आगे भी कर चुके थे, वे मुठभेड़ में जान देकर शहीद हो जाते! बिल्कुल नहीं, वह सच्चा क्रांतिकारी, जिसने अपने पाठ्यक्रम की पुस्तकों की बजाय विश्व क्रांति के इतिहास के अध्ययन में दिन-रात एक कर दिए, वह अपने लक्ष्य को भूल नहीं सकता था।

अभी पिछले हफ्ते ही भगत सिंह जिस महान् उद्देश्य से गिरफ्तार हुए थे और जो सुखदेव की वैचारिक क्षमता से उपजा उद्देश्य था, उसका अवसर वे क्यों गँवा सकते थे। सुखदेव ने त्वरित निर्णय लिया और उस मार्ग पर बढ़ने का रास्ता साफ किया, जिस पर उन्होंने भगत सिंह को भेजा था। आगे चलकर संसार ने देखा कि उनका यह निर्णय सर्वथा सत्य सिद्ध हुआ जिसने ब्रिटिश सरकार के अमानवीय, अन्यायी और तानाशाही रूप को सबके सामने ला दिया। भले ही कांग्रेस कहती रहे कि भारत की आजादी का श्रेय उसे मिले, लेकिन जो सुखदेव, भगत सिंह, चंद्रशेखर

आजाद और उनके अन्य शहीद साथियों द्वारा दिए गए क्रांति के अर्थ और उद्देश्य को बौद्धिक रूप से समझते हैं, वे जानते हैं कि सत्य क्या है। भारत की आजादी में किसी का भी योगदान कम करके नहीं आँका जा सकता। फिर चाहे वे हिंसा के पक्षधर हों या अहिंसा के समर्थक। युवा क्रांति को हिंसक कहा गया, जबकि यह व्यवस्था के कदाचरण से उपजा आक्रोश भर था, जिसने कालांतर में अपने आक्रोश में विश्व स्तर की वैचारिक क्रांति को शामिल कर दिया।

सुखदेव की माताजी उन दिनों सियालकोट में ही थीं। अब तक वे अपने पुत्र की गतिविधियों से अच्छी तरह परिचित हो चुकी थीं। चंद्रशेखर आजाद को लाहौर से बाहर पहुँचाने में माताजी ने महत्त्वपूर्ण भूमिका निभाई थी। उन्हें तभी संदेह हो गया था कि उनका पुत्र ब्रिटिश सरकार के विरोध में जुट गया है। यह बात तो यद्यपि उन्हें सुखदेव की बाल्यावस्था में ही महसूस हो गई थी कि उनका पुत्र एक दिन आजादी की लड़ाई में कूद पड़ेगा। इस बात पर उन्हें गर्व भी था, लेकिन माँ की ममता उन्हें चिंतित किए रहती थी और वे दिन-रात अपने लाडले तथा उसके मित्रों की शुभकामना भगवान् से करती रहती थीं। भगत सिंह उन्हें बहुत प्रिय थे। वैसे भी भगत सिंह से उनके पारिवारिक संबंध थे। मथुरादास ने अपनी पुस्तक में लिखा है—

"भगत सिंह को हम तब से ही जानते हैं, जब वे अपने दादाजी के साथ हमारे फार्म हाउस पर आया करते थे।"

माता रल्ली देई बहुत दिनों तक मजंग हाउस में रहीं और वहीं भगत सिंह भी उनके पास रहे थे। पुलिस से बचने के लिए भगत सिंह ने अपने केश तथा दाढ़ी वहीं कटवाए थे और वे वहीं से कलकत्ता के लिए रवाना हुए थे।

मथुरादास सरकार के डाक विभाग में नौकरी करते थे। जब उन्होंने अखबार में 16 अप्रैल, 1929 को सुखदेव की गिरफ्तारी की खबर पढ़ी तो सन्न रह गए और बटुकेश्वर दत्त की गिरफ्तारी की खबर से लगा सदमा दूर नहीं हुआ था कि यह अप्रिय समाचार मिल गया। मथुरादास दौड़कर माता रल्ली देई के पास पहुँचे।

"ताईजी! गजब हो गया।" मथुरादास ने घबराकर कहा।

"क···क्या···क्या हो गया?" माताजी ने कँपकँपाते होंठों से पूछा।

"सु···सुखदेव···सुखदेव भैया को गिरफ्तार कर लिया गया।"

'क्षण भर तो माता रल्ली देई यूँ ही खड़ी रहीं।'

"हे भगवान! यह क्या हो गया?" वे रोते हुए बोलीं।

"ताईजी! धीरज रखिए। इस तरह रोने से काम नहीं चलेगा।"

"जिस बात का डर था, वही हुआ। जब भगत पकड़ा गया था, तभी मुझे शंका हो गई थी कि एक दिन सुखदेव भी पकड़ा जाएगा।"

"यह डर तो मुझे भी सता रहा था।"

"मथुरा! तू मुझे लायलपुर ले चल। वहाँ से मैं तेरे ताऊजी के साथ सुखदेव से मिलने जाऊँगी।"

"ठीक है ताईजी!"

तभी दरवाजे पर किसी ने पुकारा। मथुरादास दरवाजे पर गए तो भय से काँप उठे। उन्हें उनका एक कलीग शीघ्र हेड पोस्ट ऑफिस के लिए ले जाने आया था।

ताईजी को समझाकर मथुरादास हेड पोस्ट ऑफिस की ओर चल दिए। वहाँ उन्हें सेना विभाग के चीफ इंजीनियर मिस्टर हॉवल्स के सामने पेश होना पड़ा।

"मथुरादास! तुम भले और सीधे आदमी हो, लेकिन तुम पुलिस कार्यप्रणाली भी जानते हो। सुखदेव को गिरफ्तार कर लिया गया है। उसकी तलाशी में उसके पास एक मनीऑर्डर कूपन मिला है, जिसमें तुम्हारा नाम है।" हॉवल्स ने कहा।

"स...सर...वह...।"

"कुछ मत कहो। फौरन अपना रिजाइन दो और घर जाओ। अब यह समझो कि तुम्हारी नौकरी तो गई। तुम्हारी भलमनसाहत से तुम्हें इतनी रियायत मिली है।"

मथुरादास ने भगवान् का शुक्र अदा किया और रिजाइन देकर वापस घर आ गए। उन्होंने माताजी को सब हाल कह सुनाया और वहाँ से लायलपुर के लिए चल पड़े। लायलपुर पहुँचे तो सारा परिवार शोक में डूबा हुआ था। ताऊजी भी घर पर नहीं थे। मथुरादास को ही सब सँभालना पड़ा।

शाम को चिंताराम घर आए तो उदासी से उनका चेहरा भी कांतिविहीन था। उन्हें देखते ही रल्ली देई के सब्र का बाँध टूट गया।

"सुखदेव की माँ! इस तरह रोकर सुखदेव की महानता को कम न करो।" चिंताराम ने कहा, "उसने वही किया है, जो भारतवर्ष के वीर सपूतों से अपेक्षित है। तुम्हें तो गर्व होना चाहिए कि सुखदेव जैसे रत्न ने तुम्हारी कोख से जन्म लिया।"

"मुझे उससे मिलना है।"

"यह आसान काम नहीं है। उस पर सरकार के खिलाफ विद्रोह करने का आरोप है। फिर भी मैं प्रयास करता हूँ।"

चिंताराम ने भाग-दौड़ शुरू कर दी। वे लाहौर आते-जाते रहे और अधिकारियों व नेताओं से मिलते रहे, लेकिन संवेदनाहीन सरकार ने उन्हें सुखदेव से मिलने की इजाजत नहीं दी। उन्होंने हाईकोर्ट में अपील की तब कहीं जाकर सुखदेव से मिलने

की आधी-अधूरी इजाजत मिली। आधी-अधूरी इसलिए कि चिंताराम को सुखदेव से मिलने की इजाजत नहीं मिली। सुखदेव की माँ और मथुरादास ही सुखदेव से मिल पाए। सुखदेव की हालत देखकर माँ रल्ली देई रो पड़ीं। जेल में कठोर यातनाओं के चिह्न सुखदेव के शरीर पर अवश्य थे, लेकिन माथे पर भय की शिकन तक न थी। मथुरादास से बात करने में सुखदेव ने जेल में अपने ऊपर हुए अत्याचारों के बारे में बताया। पूछताछ के नाम पर उन्हें सोने नहीं दिया जाता था। उन्हें तरह-तरह की यातनाएँ दी जाती थीं, लेकिन ये सब उनकी दृढ़ता और धैर्य को डिगा नहीं पाए।

सुखदेव, जयगापोल और किशोरीलाल की गिरफ्तारी से ब्रिटिश सरकार को बहुत बड़ी सफलता मिली थी। सरकार ने बम फैक्टरी पकड़ी थी और यह प्रचारित किया था कि आतंकी क्रांतिकारियों के क्रूर इरादों से लाहौर को सुरक्षित कर लिया गया है। यद्यपि अब तक देश की जनता जान चुकी थी कि बीते 200 वर्षों की त्रासदी का अंत अब होने जा रहा है। जनता का समर्थन युवा क्रांति की ओर था। भगत सिंह और उनके बाद सुखदेव की गिरफ्तारी से जनता में भय तथा आक्रोश पैदा हो गया था। यह एक असाधारण सफलता थी, जिसकी नींव सुखदेव ने रखी थी। क्रांति का उद्देश्य ही यह था कि साधारण जनता भ्रामक प्रचारों से निकलकर युवा भावनाओं को स्वीकार करे।

पुलिस के इस अभियान में पकड़े गए क्रांतिकारियों में सबसे कमजोर कड़ी जयगोपाल था और यह बात पुलिस ने शीघ्र ही जान ली थी। उससे ही उन्हें पता चला कि सुखदेव को पकड़कर उन्होंने कोई साधारण काम नहीं किया, बल्कि पंजाब की क्रांति की नींव हिला दी है। जयगोपाल भय और कमजोर हृदय के कारण सरकारी गवाह बन गया। अब सुखदेव की बारी थी। उनके बारे में पुलिस को पता चला था कि वे पंजाब के मुख्य संगठनकर्ता, असेंबली बमकांड के सूत्रधार और सांडर्स की हत्या के सलाहकार थे। अब सारा दबाव सुखदेव पर आ गया था।

पुलिस किसी भी तरह सुखदेव से सब कुछ जान लेना चाहती थी और वह यह भी जानती थी कि एक अकेले सुखदेव के पास इतनी सारी जानकारी है कि क्रांतिसेना का देशव्यापी नेटवर्क नेस्तनाबूद किया जा सकता है। पुलिस ने हर वह हथकंडा इस्तेमाल किया जो उसके पास था, लेकिन उस सच्चे वीर सपूत के मुँह से एक शब्द भी न निकला। अब सुखदेव को यह भी पता चल चुका था कि जयगोपाल पुलिस का मुखबिर बन गया था।

कई दिन तक शारीरिक यातनाएँ सहने के बाद सुखदेव ने जान लिया था कि अब तक उनके दल के सभी साथी सावधान हो गए होंगे। अत: उन्होंने नया हथकंडा अपनाया। अब वे पुलिस को गुमराह करने का प्रयास करने लगे। इसमें उन्हें सफलता भी मिली। उन्होंने दल के मुख्यालय के नाम पर आगरा का नाम लिया, जहाँ कभी मुख्यालय था तो सही, लेकिन अब नहीं था। अब यह सहारनपुर में था। यह सुखदेव की राय पर ही बदला गया था और वे जानते भी थे कि आगरा में पुलिस को कुछ भी नहीं मिलेगा और यही हुआ भी।

जब केंद्रीय समिति की बैठक में मुख्यालय का स्थान बदलने की चर्चा हुई थी, तब सुखदेव ने ही राय दी थी कि सहारनपुर इसके लिए उपयुक्त है। लाहौर के समीप सहारनपुर निरंतर प्रगति करती पंजाब की क्रांति के लिए उपयुक्त था। सबने इस प्रस्ताव का अनुमोदन भी किया। यही कारण था कि जब पुलिस सुखदेव को आगरा लेकर पहुँची तो वहाँ उसे कुछ भी नहीं मिला। यह सुखदेव की दूरदर्शिता ही थी कि उन्होंने पुलिस को आगरा के पुराने ठिकाने पर पहुँचाकर अपने दल को यह संकेत किया था कि पुलिस मुख्यालय तक पहुँचने का प्रयास कर रही है। सुखदेव ने ऐसे कई संकेतात्मक बयान दिए, जिनसे उनके दल को सीधा लाभ मिला।

सुखदेव पुलिस को बताते कि फलाँ क्रांतिकारी वहाँ पाया जा सकता है, लेकिन वे क्रांतिकारी का कूट नाम सही और स्थान बिल्कुल गलत बताते थे। इससे संबंधित क्रांतिकारी सजग हो जाता था। यह एक असाधारण सोच का ही परिणाम था, जो सुखदेव के अलावा और कोई नहीं कर सकता था। उन्होंने कैद में रहकर भी क्रांतिदल को सुरक्षित किया तो यह उनकी विलक्षण नेतृत्व की भावना थी। वे जानते थे कि जयगोपाल जैसा कमजोर दिलवाला व्यक्ति दल के लिए घातक सिद्ध होगा और यही हुआ भी। पुलिस ने जयगोपाल की निशानदेही पर कई सफलताएँ पाई थीं।

जयगोपाल के बारे में सुखदेव को अंतिम समय तक अफसोस रहा कि उन्होंने उस कायर व्यक्ति का विश्वास किया। इसी विश्वास में उन्होंने जयगोपाल से कुछ ऐसी चर्चाएँ भी कीं, जो उन्हें नहीं करनी चाहिए थीं। उसे ऐसे कई दलीय रहस्य भी बता दिए कि जो नहीं बताने थे। सुखदेव ने अपनी इस भूल के लिए कभी स्वयं को माफ नहीं किया।

मानव सभ्यता का इतिहास साक्षी है कि इसमें अच्छे-बुरे लोगों की कोई कमी नहीं रही है। मानवों में जहाँ सत्य, धर्म और राष्ट्रहित के लिए अपने प्राण तक न्योछावर करने की परंपरा रही है, वहीं स्वार्थ और सुख के लिए असत्य एवं अधर्म

का आश्रय लेनेवाले भी कम नहीं रहे।

भारतीय क्रांति का इतिहास भी इससे अछूता नहीं रहा है। इसमें देश के लिए मर मिटनेवाले लाखों-करोड़ों हुए तो परसत्ताभक्तों की भी संख्या हजारों में रही है। अंग्रेज भक्तों की भी एक लंबी सूची है, जिसे भारतीय इतिहास की काली सूची कहा जाए तो कोई अतिशयोक्ति नहीं होगी। सुखदेव ने जेल में भेंट के समय मथुरादास के कान में कहा था, ''मथुरा! हम किसी के विश्वासघात का शिकार हुए हैं।''

सुखदेव की यह बात आगे चलकर और भी स्पष्ट हो गई, जब पुलिस ने 13 मई, 1929 को सहारनपुर मुख्यालय व बम फैक्टरी पर भी छापा मार दिया और वहाँ से डॉक्टर गया प्रसाद, शिव वर्मा और जयदेव कपूर को गिरफ्तार कर लिया गया। यह क्रांतिदल के लिए एक बड़ी क्षति थी। इस छापे ने युवा क्रांति को लगभग तहस-नहस कर दिया था। इससे भी बड़ी क्षति यह रही कि जयगोपाल के बाद फणींद्रनाथ और हंसराज वोहरा भी कायरता दिखाते हुए पुलिस के गवाह बन गए। गवाह ही क्या, मुखबिर, दलाल ही बन गए।

सहारनपुर का मुख्यालय मार्च 1929 में प्रस्तावित हुआ, जिसमें सुखदेव की राय सर्वोपरि रही। केंद्रीय समिति ने फिरोजपुर के क्रांतिकारी डॉक्टर गया प्रसाद निगम को सहारनपुर में कोई सुरक्षित मकान खोजने का दायित्व सौंपा। डॉक्टर निगम ने सहारनपुर के मंडी चोब फरोशां (लकड़मंडी) में तिलक लाइब्रेरी के समीप मोहम्मद हनीफ नाम के एक व्यक्ति का मकान 2 अप्रैल को किराये पर ले लिया। आगरा आकर उन्होंने केंद्रीय कार्यालय को इसकी सूचना दी। यहाँ से शिव वर्मा और डॉक्टर निगम मुख्यालय का आवश्यक सामान लेकर सहारनपुर पहुँच गए। इस बार मुख्यालय के विषय में यह विशेष सावधानी बरती गई कि इसका पता कुछ ही लोगों को था। डॉक्टर निगम को समिति ने 'फ्रंट' का कार्य सौंपा और वे उस मकान में अपनी होम्योपैथी का अभ्यास भी करने लगे। केंद्रीय समिति ने इसी मकान में बम बनाने का कार्य भी शुरू करा दिया था और इस सिलसिले में फणींद्रनाथ भी वहाँ गया था।

13 मई, 1929 को सहारनपुर बम फैक्टरी पकड़ी गई और यहाँ से शिव वर्मा, डॉक्टर निगम तथा जयदेव कपूर गिरफ्तार कर लिये गए। सवाल यही उठा कि यहाँ के बारे में पुलिस को किसने बताया। इतना तो निश्चित था कि सुखदेव से इस संबंध में पुलिस कुछ नहीं जान पाई थी, क्योंकि यह सुखदेव की गिरफ्तारी के एक महीने बाद की घटना है। अब तक पुलिस की हर यंत्रणा से सुखदेव परिचित हो चुके थे।

शिव वर्मा जो इस छापे में पकड़े गए, उन्होंने भी स्पष्ट किया है—

"सहारनपुर का पता गिनती के ही लोग जानते थे, जिनमें सुखदेव और फणींद्रनाथ भी थे। यदि सुखदेव ने उसका पता बताया होता तो सहारनपुर फैक्टरी सुखदेव की आरंभिक यातनाओं में ही पकड़ी जाती।"

फणींद्रनाथ के बारे में सबका संदेह था कि वह ऐसा कर सकता था, क्योंकि वह एक कमजोर दिलवाला व्यक्ति था। वह सहारनपुर गया भी था और बाद में पुलिस का गवाह भी बना। इतने सारे तथ्यों के बाद शक की कोई गुंजाइश नहीं बचती कि यह काम केवल-और-केवल फणींद्रनाथ घोष ने किया था। यशपाल ने भी अपनी पुस्तक 'सिंहावलोकन' में सीधा उस पर शक करने की पुष्टि की है—

"सहारनपुर बम फैक्टरी का पता फणींद्रनाथ घोष ने ही बताया था, क्योंकि वह पहले से ही पुलिस का मुखबिर बन गया था। दो महीने पहले कलकत्ता में गिरफ्तार होकर छूटा वह बम विशेषज्ञ अकारण ही पुलिस द्वारा नहीं छोड़ दिया गया था।"

यहाँ एक संयोगपूर्ण घटना को भी इस छापे से जोड़ा जाता है। फिरोजपुर का एक व्यक्ति कालूराम नाई भी इसके लिए जिम्मेदार माना जाता है। उसने अपने बयान में कहा भी है कि उसने अपने पूर्व परिचित फिरोजपुर के डॉक्टर निगम को सहारनपुर में देखा तो चौंक गया। यह संयोग ही था।

सुखदेव ने उसके बयान को गहराई से जान लिया था कि यही वह आदमी है, जिसने सहारनपुर मुख्यालय की ओर पुलिस की दृष्टि की। सुखदेव की 'प्रोसीडिंग बुक' के पृष्ठ 124 पर लिखा है—

"Important, this man informed the police about Saharanpur."

कालूराम का बयान और उस पर सुखदेव की दृढ़ टिप्पणी से तो यही लगता है कि सहारनपुर में हुई क्षति के लिए कालूराम ही मूल रूप से जिम्मेदार था। फिर भी फणींद्रनाथ घोष की अविश्वसनीयता कम नहीं होती। सुखदेव को इस सूचना ने तिलमिला दिया था कि सहारनपुर बम फैक्टरी पकड़ी गई है। इससे भी अधिकाधिक मानसिक वेदना उन्हें तब हुई, जब जयगोपाल के बाद फणींद्रनाथ घोष और हंसराज वोहरा भी सरकारी गवाह बन गए। यह युवा क्रांति की भारी क्षति थी। विडंबना यह थी कि उस क्षति को भरनेवाले सुखदेव और भगत सिंह विवश थे। जेल में रहते हुए वे कर भी क्या सकते थे। सुखदेव ने फिर भी हार नहीं मानी थी। वे जेल में निरंतर जयगोपाल से मिलने का प्रयास करते रहे, जिससे उसका मुँह किसी प्रकार बंद किया जा सके।

जयगोपाल के बयानों से पुलिस को कई सफलताएँ मिल चुकी थीं और सुखदेव

भली-भाँति जानते थे कि युवा क्रांति की कमजोरी जयगोपाल जैसे कायर थे। अत: उसका मुँह बंद करना जरूरी था। इसका एक कारण यह भी था कि जयगोपाल कुछ ऐसे रहस्य भी जानता था, जो सुखदेव ने ही उसे बताए थे और इससे सुखदेव की दलीय प्रतिष्ठा भी दाँव पर लगी थी। सुखदेव किसी भी प्रकार से जयगोपाल से मिलना चाहते थे, जिससे वे उसे बयान देने से मना कर सकें। उन्होंने तो यहाँ तक तय कर लिया था कि यदि वह बयान देने से मना नहीं करता तो वे उसकी हत्या कर देंगे, लेकिन उन्हें ऐसा कोई अवसर ही नहीं मिला। सुखदेव ने पुलिस को विश्वास में लेने की असफल चेष्टाएँ कीं, लेकिन पुलिस भी उनकी मानसिकता से परिचित हो गई थी। वह समझ गई थी कि सुखदेव सच्चे क्रांतिकारी हैं, जो किसी भी प्रकार के हथकंडे से पुलिस के मार्ग को अवरुद्ध करने के प्रयासों से नहीं मानेंगे। वे किसी भी कीमत पर जयगोपाल को सुखदेव के सामने नहीं लाना चाहती थी।

जयगोपाल से पुलिस को पता चला था कि सुखदेव बहुत चालाक और बहुत ही दृढ़ संकल्पवाले हैं। यह बात पुलिस ने अपने यातनकाल में देख ली थी। पुलिस यह भी जानती थी कि उसका गवाह जयगोपाल इतना मजबूत व्यक्ति नहीं था, जो सुखदेव जैसे तेज-तर्रार व्यक्ति के वाग्जाल में न फँस सके। इन्हीं सब बातों को देखते हुए पुलिस ने सुखदेव और जयगोपाल की भेंट नहीं होने दी।

वैसे तो क्रांतिदूतों के लिए प्रत्येक दिन संकट भरा होता है,लेकिन पंजाब क्रांति के लिए सन् 1929 का वर्ष कुछ अधिक ही कष्टकारी रहा। एक प्रकार से कुछ समय के लिए क्रांतिकारी गतिविधियों पर विराम ही लग गया। फिर भी सुखदेव और भगत सिंह क्रांति की नई परिभाषा गढ़ चुके थे। उनकी गतिविधियाँ मंद नहीं पड़ी थीं। उन्होंने जेल तथा अदालत को ही अपनी गतिविधियों का केंद्र बना लिया था और दिलचस्प बात यह थी कि अपने बंदी जीवन में भी प्रशासन और सरकार को बुरी तरह हिलाकर रख दिया।

□

जेल में भूख हड़ताल

भगत सिंह और बटुकेश्वर दत्त 8 अप्रैल, 1929 को असेंबली बमकांड में स्वेच्छा से गिरफ्तार होकर जेल गए तो जेल में भी ब्रिटिश सरकार का भयानक चेहरा देखने को मिला। यद्यपि भगत सिंह पहले भी कई ऐसे क्रांतिकारियों से, जो सजा काटकर आए थे, जेलों में हो रहे अमानवीय कृत्यों की जानकारी प्राप्त कर चुके थे, लेकिन अब तो वे अपनी आँखों से सब देख रहे थे। क्रांतिकारी जेलों में नारकीय जीवन बिता रहे थे। सरकार की यह क्रूर नीति देखकर भगत सिंह का खून खौलने लगा और उन्होंने गहन चिंतन-मनन के बाद जेल के अत्याचारों के विरुद्ध आवाज उठाई।

ब्रिटिश सरकार हर क्षेत्र में पाशविकता पर उतर आई थी। जेल के बंदियों में भी उसने श्रेणियाँ बना दी थीं, जिनमें क्रांतिकारियों को निम्न श्रेणी में रखा गया था। सरकार की उच्च श्रेणी में यूरोपीयन अपराधी थे, जिन्हें वह हर सुविधा प्राप्त थी, जो वे बाहर रहकर पाते थे। अच्छा खाना, पहनना, सोना और इच्छित मनोरंजन आदि उनके लिए उपलब्ध था। मध्यम श्रेणी में वे कांग्रेसी नेता होते थे, जिन्हें राजनैतिक बंदी की संज्ञा देकर लगभग सभी सुविधाएँ दी जाती थीं। उन्हें पढ़ने के लिए समाचार-पत्र भी दिए जाते थे और उन्हें मीडिया से भी मिलने दिया जाता था। इससे सरकार को ही लाभ होता था। जेल के ये राजनैतिक बंदी कोई लेख छापने को भेजते तो उसमें अहिंसा को महिमामंडित किया जाता और इसका मनोवैज्ञानिक प्रभाव भी जनता पर पड़ता था। सरकार को क्रांति के भय से भी मुक्ति मिलती।

इन सबके विपरीत वे क्रांतिकारी थे, जिन्हें जेलों में नरक सी सुविधाएँ दी जाती थीं। उन्हें युद्धबंदी या राजनैतिक बंदी नहीं, बल्कि राजद्रोही कहा जाता था। ऐसे राजद्रोही जो यूनियन जैक की प्रभुता मानने से इनकार करते थे और जो ब्रिटिश राजघराने को अपना शासक नहीं मानते थे। उन्हें भोजन के नाम पर बस इतना ही

दिया जाता कि उनके शरीर में प्राण रहें। पूछताछ के नाम पर उन्हें सोने नहीं दिया जाता था। जरा से विरोध पर उन्हें बर्बरता से पीटा जाता था। उन्हें तरह-तरह से परेशान किया जाता था। भगत सिंह ने जेल के कुछ ही दिन के प्रवास में इस अमानुषिक व्यवहार की जाँच-पड़ताल कर ली थी। उन्होंने जेल में ही क्रांति का नया विकल्प खोज निकाला और इस अन्यायी व्यवस्था के विरुद्ध भूख हड़ताल कर दी। बटुकेश्वर दत्त ने भी भगत सिंह का अनुसरण किया।

इससे पहले उनके मुकदमे की सुनवाई 7 मई, 1929 से जेल में ही एडिशनल पूल मजिस्ट्रेट की अदालत में हुई। यह 10 जून तक चली। 12 जून को भगत सिंह और बटुकेश्वर दत्त दोनों को असेंबली बमकांड में आजीवन कारावास की सजा सुना दी गई। सारे देश में इस फैसले की कड़ी निंदा हुई और देश भर में 'भगत सिंह जिंदाबाद' और 'बटुकेश्वर दत्त जिंदाबाद' के नारे लगाए गए। एक माह तक चली इस सुनवाई में भगत सिंह ने जिस प्रकार अपनी पैरवी स्वयं की, वह भारतीय अदालत इतिहास की सबसे लोमहर्षक जिरह थी, जिसने विश्व भर में भगत सिंह और भारतीय क्रांति को चर्चित कर दिया। जिस लक्ष्य को लेकर भगत सिंह जेल में आए थे, वह पूरा हुआ था। उन्होंने अदालत के मंच पर गरजकर जिस प्रकार क्रांति के अर्थ, उद्देश्य और आवश्यकता को परिभाषित किया, उसने विश्व भर में युवा क्रांति को जनप्रिय बना दिया। यह बहुत बड़ी जीत समझी गई।

14 जून, 1929 से भगत सिंह और बटुकेश्वर दत्त ने भूख हड़ताल कर दी थी, जिसका शुरू में जेल प्रशासन पर कोई प्रभाव नहीं पड़ा। वे अधिकारी कहाँ जानते थे कि इस बार उनकी जेल में साधारण क्रांति नहीं, बल्कि क्रांति का सरदार आया है, जो झुकना तो जानता ही नहीं था। फिर भी भगत सिंह की यह भूख हड़ताल इस अर्थ में सफल होती जा रही थी कि जेल से बाहर उनकी भूख हड़ताल और उसके कारणों पर जनमानस का समर्थन उन्हें मिल रहा था। इसका प्रमाण 30जून को तब मिला, जब सारे देश में भगत सिंह दिवस मनाकर भूख हड़ताल की गई। इससे सरकार दहल गई और जेल में भगत सिंह की भूख हड़ताल तोड़ने के कुछ प्रयास भी हुए, जो उस पंजाबी शेर के सामने असफल ही सिद्ध हुए।

10 जुलाई, 1929 को सुखदेव और उनके साथी लाहौर षड्यंत्र केस की सुनवाई के लिए उसी जेल में लाए गए। उनकी पेशी यहाँ स्पेशल मजिस्ट्रेट पंडित श्रीकृष्ण के सामने हुई। यह मजिस्ट्रेट भारतीयों से घोर घृणा करनेवाला और पक्का अंग्रेज भक्त था। इसकी अदालत में ही भगत सिंह और सुखदेव का पुनर्मिलन हुआ। भगत सिंह कृशकाय हो रहे थे तो सुखदेव के नेत्र छलक उठे और गर्व से उनका चेहरा देदीप्यमान हो उठा। अदालत में गले मिलने की इजाजत नहीं थी, लेकिन हृदय के

भावों को मिलने से कौन रोक सकता था।

इस भेंट में दोनों को बातें करने का थोड़ा अवसर मिला और इस थोड़े से समय में ही जेल क्रांति की नींव पुख्ता हो गई थी। यहाँ सुखदेव और भगत सिंह के विचारों में भिन्नता भी हुई। सुखदेव उपवास, सत्याग्रह और अनशन आदि को क्रांति से पृथक् ही समझते थे। उनके विचार में ये कांग्रेस दल को ही शोभा देते राजनैतिक हथियार थे, जिनके संदर्भ में दया, याचना जैसा भाव छिपा था। सुखदेव की दृष्टि में यह ठीक उसी प्रकार की बालहठ जैसे प्रयोग थे, जो खिलौना चाहने की आशा में दूध पीने से मना करता है। उस पर भी यह बालहठ जैसे प्रयोग नितांत क्रूर साम्राज्यवादी सरकार पर करना सुखदेव की दृष्टि में औचित्यहीन था। अंग्रेजों ने मानवता दिखाई भी कब थी, जो भूख हड़ताल जैसे प्रयोगों से पिघलती। क्रांति का ऐसे प्रयोगों से तेज ही समाप्त हो जाएगा। देश में शोषण, अकाल और दमनकारी नीतियों से पहले ही अधिकांश जनता खाद्यान्न के अभाव में भूखी रह जाती है, तब यह सरकार क्यों भूख हड़ताल के लिए कुछ करती! साथ ही यह भी अटल सत्य था कि भूख हड़ताल और अनशन कांग्रेसियों द्वारा होते थे तो सरकार जूस का गिलास लेकर पहुँच जाती थी, क्योंकि असेंबली में उनका राजनीतिक दबदबा था। क्रांतिकारी तो सरकार की दृष्टि में राजद्रोही थे, जिन्हें वह किसी भी तरीके से मार डालना चाहती थी। फिर चाहे वे भूख हड़ताल से ही क्यों न मर जाएँ। इन सब बातों को मानते हुए सुखदेव भूख हड़ताल के पक्ष में नहीं थे, लेकिन बहुत से साथियों द्वारा लिये गए इस निर्णय को उन्होंने माना।

14 जुलाई, 1929 को भगत सिंह ने इस संबंध में भारत के होम मेंबर के नाम एक पत्र भेजा, जिसमें कैदियों के लिए कुछ माँगों को उल्लेखित किया गया था। ये माँगें इस प्रकार थीं—

(1) सभी कैदियों को समानता के आधार पर भोजन मिलना चाहिए।

(2) जेल में कैदियों से अपमानजनक कार्य नहीं करवाया जाना चाहिए।

(3) प्रत्येक कैदी को प्रतिदिन पढ़ने के लिए अखबार उपलब्ध कराया जाए।

(4) कागज और कलम जो भी कैदी माँग करे, उसे बिना किसी कानूनी प्रक्रिया के उपलब्ध कराया जाना चाहिए।

(5) स्नान और पोशाक की उचित व्यवस्था होनी चाहिए।

उनकी ये माँगें नहीं मानी गईं और जेल प्रशासन की ओर से केवल यह आश्वासन मिला कि भोजन में सुधार किया जाएगा। इस भूख हड़ताल से भगत सिंह पर कुप्रभाव पड़ रहा था। गणेश शंकर 'विद्यार्थी' ने भी उन्हें समझाने का प्रयास किया, लेकिन वे नहीं माने। उनके साथ अन्य साथी भी नहीं माने। सत्याग्रह के इस रूप से

जेल प्रशासन विचलित हो उठा।

क्रांतिकारियों की हठ से सरकार भी चिंतित हो उठी। मान-मनोबल से तो कुछ होनेवाला नहीं था, इसलिए जेल प्रशासन को यह आदेश दिया गया कि भूख हड़तालियों को जबरन दूध पिलाया जाए, जिससे उनके प्राण संकट में न पड़ें। इस कार्य को अंजाम देने में जेल प्रशासन को बड़ी मशक्कत करनी पड़ी। एक-एक क्रांतिकारी कैदी को 5 या 6 सिपाही काबू में करते और उसके मुँह में रबड़ की नली डालकर दूध उसके पेट में पहुँचाते। इस तरह बलात दूध पीने में कैदी विरोध तो बहुत करते, लेकिन दर्जन हाथों के सामने वे करते भी तो क्या! जेल प्रशासन उन्हें जीवित रखने के लिए तरह-तरह के हथकंडे अपना रहा था।

भूख हड़ताल किए हुए सुखदेव को भी लगभग दस दिन हो गए थे, जिससे उनका चेहरा कांतिहीन हो गया था। दरोगा खैरुद्दीन के नेतृत्व में जेल प्रशासन जब उन्हें दूध पिलाने आया तो सुखदेव भाग खड़े हुए। पाँवों में शक्ति नहीं थी, लेकिन मन में संकल्प था। सिपाहियों ने दौड़कर पकड़ लिया तो सुखदेव आक्रामक हो उठे। तब तो दरोगा खैरुद्दीन गुस्से से बिफर गया और उसने सिपाहियों को उस लड़ाकू कैदी की अक्ल ठिकाने लगाने का आदेश दिया। सुखदेव पर बेतहाशा मार पड़ी, लेकिन उन्होंने उफ तक नहीं की। उनका शरीर इस प्रकार की प्रताड़ना का अभ्यस्त था। वे मुसकरा रहे थे। अब खैरुद्दीन और भी भड़क गया तथा उन पर चिल्लाते हुए झपटा। सुखदेव तो दुःसाहसी हो चले थे। उन्होंने बड़े जोर से खैरुद्दीन के सीने पर लात जमाई तो वह धड़ाम से नीचे गिर पड़ा। इससे सिपाहियों ने उन पर फिर से लात-घूँसों की बरसात शुरू कर दी। सुखदेव फिर भी मुसकराते रहे। अंततः दरोगा खिसियाकर उन्हें उनकी कोठरी में बंद कर चला गया।

सुखदेव यद्यपि भूख हड़ताल के पक्ष में नहीं थे, लेकिन अपने दल की बात का सम्मान करना उनका कर्तव्य था और फिर भगत सिंह की बात को वे भला कैसे टाल सकते थे। उनका व्रत सबसे अलग था। जहाँ अन्य कैदी बलात ही सही, दूध पी लेते थे, भगत सिंह को भी दूध पिलाया जा चुका था, वहीं सुखदेव बलात भी तब तक काबू में नहीं आए, जब तक उनके शरीर में विरोध करने की शक्ति रही। फिर भी शरीर में शक्ति के लिए ऊर्जा उत्पादक अवयव तो अवश्य ही चाहिए।

एक दिन उनकी विरोध करने की शक्ति क्षीण हो गई और उस दिन उन्हें भी नली के द्वारा दूध पिलाया गया। सुखदेव निढाल हो गए। यह पराजय उन्हें कचोटने लगी। जो कभी पराजित न हुआ हो, उसके लिए तो पराजय सहन करना मुश्किल है। शरीर में शक्ति न हो तो मानसिक वेदना बढ़ जाती है। यही हाल सुखदेव का भी हुआ। वे सारी रात छटपटाते रहे। उन्हें अपने व्रत के टूटने का बड़ा कष्ट हुआ।

शारीरिक क्षीणता के चलते जेल प्रशासन अब दिन में उन्हें दो बार दूध पिला देता। वे उलटी करने का प्रयास भी करते, लेकिन सफलता न मिलती। बड़ी ही विचित्र स्थिति थी। सुखदेव बड़े ही मानसिक द्वंद्व में फँस गए थे।

ऐसे समय में क्षोभ उत्पन्न हो जाता है। सुखदेव भी उसी मोड़ पर आ गए थे। उन्हें भूख हड़ताल का यह तरीका समझ में नहीं आ रहा था। उनकी दृष्टि में तो निराहार रहकर मृत्यु को प्राप्त हो जाना भूख हड़ताल थी। यहाँ तो उन्हें दूध पिलाकर उन्हें मृत्यु से दूर रखा जा रहा था। जब व्रत ने उन्हें जिंदगी से दूर कर रखा था। मुख्य उद्‌देश्य तो जैसे भूख हड़ताल के खेल में विस्मृत हो गया था।

वे सब जेल में एक लक्ष्य लेकर आए थे और उसके लिए वाणी की शक्ति की बहुत आवश्यकता थी, जो इस स्थिति में तो शेष नहीं रहनेवाली थी। सुखदेव ने इन सब बातों का विचार किया तो लगा कि ऐसी झूलती जिंदगी को तो समाप्त करना ही श्रेष्ठ है। सच है, लक्ष्य से दूर होने पर व्यक्ति निराशावादी हो जाता है और ऐसे में अनिष्टकारी विचार ही पनपते हैं।

सुखदेव ने भी अपनी नस काटकर इस स्थिति से विरत होने का उपाय सोच लिया और इस काम के लिए वे तैयार भी हो गए। साहस, विवेक ने जागकर उन्हें धिक्कारा! यह क्या! लक्ष्य के समीप पहुँचने पर इतनी क्षुद्र सोच! लोग क्या कहेंगे कि फाँसी से डरकर आत्महत्या कर ली। विवेक जाग्रत् हुआ तो विचार भी आने लगे। तत्काल उपाय भी सूझ गया। जब बलात दूध पीना है तो नली क्यों, सीधे पी जाओ। यही सोचकर अगले दिन उन्होंने स्वत: ही दूध पी लिया। उनकी भूख हड़ताल समाप्त हुई।

साथियों ने सुना तो एक बार भी विश्वास नहीं हुआ। फिर जब पुष्टि हो गई तो सब सुखदेव के बारे में इधर-उधर की बातें करने लगे। एक प्रकार से सबके मन में उनके प्रति बहिष्कार की सी भावना आ गई। सुखदेव को इससे दु:ख तो पहुँचा, लेकिन वे जानते थे कि उनका निर्णय समय के अनुसार उचित है। उनकी अंतरात्मा ने भी यही कहा कि उनका निर्णय ठीक है। इसके बाद उन्होंने कभी अपने साथियों के रूखे व्यवहार से कष्ट महसूस नहीं किया। वे अपने निर्णय पर कोई स्पष्टीकरण नहीं देते थे। भगत सिंह ने जब नाराजगी से उनसे व्रत तोड़ने का कारण पूछा तो उन्होंने उनसे अपने विचार व्यक्त किए।

"भगत! यह कैसी भूख हड़ताल! बलात ही हमें दूध पिलाया जाता है और सरकार भी निश्चिंत हो जाती है कि हमारे प्राण नहीं निकलेंगे। हम भोजन करें-न-करें, उसे तो कोई फर्क नहीं पड़ता। भूख हड़ताल का अर्थ तो यह है कि निराहार रहकर मृत्यु को अंगीकार कर लेना।" सुखदेव ने बताया।

भगत सिंह ने कुछ न कहा। वे अपने परम मित्र के सिद्धांत और विचारों से परिचित थे। सुखदेव ने और भी ऐसे तर्क रखे, जिनसे भगत सिंह सहमत तो थे लेकिन वे सुखदेव की भाँति अन्य साथियों की चुभती दृष्टि को नहीं सह सकते थे। यह फर्क तो उन दोनों में था ही। भगत सिंह सर्वमान्य निर्णय पर अटल रहते थे तो सुखदेव स्वमान्य निर्णय पर।

सरकार ने इस स्थिति का सामना करने के लिए कूटनीतिक प्रयास आरंभ कर दिए। 7 अगस्त और 9 अगस्त को दो विज्ञप्तियाँ जारी की गईं, लेकिन दोनों ही अमान्य हो गईं। प्रांतीय सरकार ने हस्तक्षेप करके जेल में एक कमेटी का गठन किया और सभी कैदियों को कुछ आश्वासन दिए, लेकिन ये भी निष्प्रभावी रहे। फिर एक और उपसमिति का गठन हुआ, जिसने कुछ शर्तों को शीघ्र मानने और कुछ पर विचार करने की शर्त पर यह अनशन 2 सितंबर, 1929 की शाम को तुड़वा दिया। कूटनीति तो काम कर गई, लेकिन यतींद्रनाथ ने फिर भी अनशन नहीं तोड़ा।

यतींद्रनाथ दास सुखदेव जैसे ही विचार रखते थे और व्रत के कारण वे मरणासन्न स्थिति में आ गए थे। उन्होंने यह अटल निर्णय ले लिया था कि व्रत नहीं तोड़ना। अंततः इस वीर अटल क्रांतिकारी ने 13 सितंबर को अपनी लीला समेट ली। क्रांति के इतिहास में 13 सितंबर, 1929 की तारीख भी स्वर्णाक्षरों में अंकित हो गई। यतींद्रनाथ की जेल में शहादत से क्रांति गौरवान्वित हो उठी। देश भर में शोक की लहर दौड़ गई। यतींद्रनाथ ऐसे क्रांतिकारी रहे, जो कभी ब्रिटिश अत्याचारों के सामने नहीं झुके। सारे देश में उनकी शहादत पर शोक और गर्व था।

"यह भूख हड़ताल सफल रही।" सुखदेव ने नम स्वर में कहा।

सरकार घबरा उठी। यद्यपि उसने बहुत कोशिश की थी कि भूख हड़ताल इस परिणाम को न पहुँचे, लेकिन आजादी के दीवाने यतींद्रनाथ ने सरकार की सभी कोशिशों को मात दे दी। देश भर में आवाज उठने लगी, लेकिन सरकार के कानों पर सुधारों की जूँ तक न रेंगी। पूर्व में दिए गए सब आश्वासन भी ढकोसले ही सिद्ध हुए। भगत सिंह और अन्य सभी तिलमिला उठे।

सुखदेव ने यतींद्रनाथ की शहादत का मर्म समझा। अब वे उस रास्ते को सूना नहीं छोड़ना चाहते थे। पहले उन्हें भूख हड़ताल का कोई लाभ नहीं दिखा था, लेकिन अब देश के जनमानस की प्रतिक्रिया ने बता दिया था कि ऐसी शहादतें उसके रास्ते को खौला रही थीं। सुखदेव ने तभी दूसरी शहादत का विचार बना लिया और 4 फरवरी, 1930 को उन्होंने भूख हड़ताल शुरू कर दी। उनकी घोषणा पर जेल प्रशासन तो हँसकर रह गया, लेकिन भगत सिंह अपने मित्र से अच्छी तरह वाकिफ थे। वे जानते थे कि सुखदेव अपने निर्णय पर अटल रहते हैं। यह बात उन्होंने अपने

सभी साथियों को समझाई और सब सुखदेव के साथ हो लिये। यतींद्रनाथ की शहादत को व्यर्थ नहीं जाने देने के विचार से अनशन आरंभ हो गया।

6 फरवरी, 1930 को कैदी क्रांतिकारियों की अदालत में पेशी थी, जिसमें जाने से सबने इनकार कर दिया। 5 फरवरी को भी बरेली जेल में सुखदेव के समर्थन में पेशी का बहिष्कार व अनशन आरंभ कर दिया गया। अब सरकार घिरी हुई नजर आ रही थी। सरकार ने इस स्थिति को सँभालने की कोशिश में एक प्रेस विज्ञप्ति भी जारी की, लेकिन क्रांति के दीवानों ने उसे सर्वसम्मति से नकार दिया। यह ऐसी स्थिति थी, जिसमें सरकार को कुछ नहीं सूझ रहा था। स्पेशल मजिस्ट्रेट पंडित श्रीकृष्ण भी क्रांतिकारियों के अटल निर्णय से किंकर्तव्यविमूढ़ हो गया था। उसने अदालती प्रक्रिया को आगे न बढ़ते देख मुकदमे को 3 मार्च, 1930 तक स्थगित करने का आदेश दिया।

जेल प्रशासन सुखदेव को कम करके आँक रहा था। इस बार की हड़ताल के मुखिया सुखदेव थे। प्रशासन को लगता था कि सुखदेव वैसे क्रांतिकारी नहीं हैं, जैसा उन्हें समझा जाता है। 19 फरवरी तक जेल प्रशासन यही आशा लगाए रहा कि सुखदेव कभी भी भूख से तिलमिलाकर अपना व्रत तोड़ देंगे, लेकिन वह यह नहीं जानता था कि सुखदेव अपने निर्णय पर प्राण भी दे सकते हैं। 15 दिन बाद जेल प्रशासन में हड़कंप मच गया, जब किसी कैदी ने कह दिया कि यतींद्रनाथ की परिपाटी को सुखदेव आगे बढ़ाएँगे।

जेल प्रशासन ने घबराकर डॉक्टर को बुलाया, जिसने जाँच-पड़ताल के बाद स्पष्ट कर दिया कि वह व्यक्ति भी अब बहुत दिन तक जीवित नहीं रहेगा। इससे प्रशासन और सरकार दोनों को बड़ा झटका लगा। सरकार जानती थी कि यदि जेल में फिर से कोई यतींद्रनाथ के नक्शेकदम पर चलकर प्राण त्याग बैठा तो विरोध की लहर रोके न रुकेगी। तत्काल आदेश हुआ कि जेल के सभी कैदियों को उनकी कोठरी में बंद कर दिया जाए और सुखदेव को जबरन खुराक दी जाए। ऐसा ही किया गया।

सभी क्रांतिकारी कैदी अपनी कोठरियों में बंद थे। डॉक्टर सहित जेल प्रशासन सुखदेव की कोठरी के पास पहुँचा। बिल्कुल निढाल और लगभग मृत्यु की प्रतीक्षा करते सुखदेव कोठरी के फर्श पर मृतप्राय पड़े थे। ताला खोला गया और जैसे बिजली कौंधी। सुखदेव इस गंभीर अवस्था में भी उठ गए और पुलिसवालों को धकेलकर कोठरी से बाहर आ गए। अजीब दृश्य उत्पन्न हो गया था। सुखदेव खुले मैदान में भाग गए थे और जेल प्रशासन खड़ा रह गया था। फिर दरोगा के आदेश पर सिपाही सुखदेव को पकड़ने दौड़े। इतने बड़े मैदान में सुखदेव को पकड़ना आसान नहीं था। सिपाही एक ओर से घेरते तो वे दूसरी ओर से निकल जाते। बड़ी हास्यास्पद स्थिति पैदा हो गई थी।

अंततः आवश्यकता की जीत हुई। सुखदेव की शारीरिक स्थिति अत्यंत दुर्बल थी। उनके शरीर में इतनी शक्ति नहीं थी कि वे लगातार दौड़ते रहते और शारीरिक कमजोरी के कारण वह वीर क्रांतिकारी गिर पड़ा। पुलिसवालों ने उन्हें धर दबोचा।

सुखदेव बेहोश हो चुके थे। डॉक्टर ने उनकी नब्ज देखी तो उनका पसीना छूट गया। उन्हें तत्काल उपचार दिया गया और उनके प्राण बचा लिये गए। जब वे होश में आ गए तो अपनी अशक्तता पर रो पड़े। आज फिर वे पराजित हो गए। उन्होंने समझ लिया कि व्रत, अनशन जैसे कांग्रेसी हथियारों से सरकार केवल उनसे ही डरती थी, जो सत्ता में भागीदारी रखते थे या जिनके ऐसे कदम से सरकार को असुरक्षा का अहसास होता था। यह सत्य भी था। ब्रिटिश सरकार की कूटनीति किसी ने समझी हो या न समझी हो, लेकिन सुखदेव भली-भाँति जान गए थे। कांग्रेसी आंदोलन जो अहिंसा पर आधारित था, एक तरह से वह ब्रिटिश साम्राज्य के अत्याचारों का कवच था। सरकार ने अहिंसा आंदोलन को इसी कारण स्वीकृति दी थी कि वह सशस्त्र क्रांति के मार्ग की सबसे बड़ी बाधा रहा।

सुखदेव केवल क्रांतिकारी नहीं थे, बल्कि परिस्थितियों के आकलन की उनकी क्षमता अद्‌भुत थी। वे अनायास ही किसी कार्य में हाथ नहीं डालते थे, बल्कि उस कार्य की रूपरेखा और उसके परिणाम का विश्लेषण करते थे। भूख हड़ताल का उन्होंने जो विश्लेषण किया उसके अनुसार, ब्रिटिश सरकार को भारतीय जनमानस की भूख से कोई हमदर्दी नहीं थी। उसे तो उनकी ही फिक्र थी, जो उनके अत्याचार को अपने आदर्शों के साथ साधारण जनमानस पर लागू करने की इजाजत देते थे।

यह बात तब और अच्छी तरह साबित हो गई, जब 19 फरवरी, 1930 को सरकार ने सुधारों के नाम पर एक प्रेस विज्ञाप्ति जारी की। इसमें भारतीय जेलों में बंद सुशिक्षित, धनाढ्य और अभिजात वर्ग को ही सुविधाएँ देने की बात कही गई थी। इस प्रपंचकारी विज्ञप्ति से कुछ मध्यम दरजे के नेताओं को सुविधाएँ मिल रही थीं। जबकि क्रांतिकारी इन सुविधाओं के दायरे में नहीं थे। इस विज्ञप्ति का समर्थन बाहर से हुआ और जेल के हड़तालियों से अनशन तोड़ने की करबद्ध प्रार्थना की गई। अनशन टूट गया। लगभग नौ महीने चले इस परिदृश्य ने युवा क्रांति का इतना बहुमूल्य समय व्यर्थ किया और लाभ के रूप में कुछ भी हाथ नहीं आया। सुखदेव आरंभ से ही जानते थे, लेकिन अब सब क्रांतिकारी इस सत्य को जान गए थे। सुखदेव का शुरुआती विश्लेषण सही निकला।

□

लाहौर षड्यंत्र केस

सुखदेव ने अब अपना पूरा ध्यान अपने लक्ष्य पर केंद्रित कर लिया था और अब वे केवल अदालती मंच से अपनी बात रखने का मन बना चुके थे। उन्हें बीते नौ महीनों के व्यर्थ हो जाने की पीड़ा तो सालती थी, जिससे युवा क्रांति का कोई भला नहीं हुआ था। हाँ, उन्हें इस बात का संतोष भी था कि ब्रिटिश सरकार आंशिक रूप से ही लेकिन झुकी तो थी। यतींद्रनाथ की शहादत बेकार नहीं गई थी और अब जेलों में थोड़े-बहुत सुधार देखने को मिल रहे थे।

10 जुलाई, 1930 को लाहौर षड्यंत्र केस की सुनवाई शुरू हुई। यहाँ यह कहना प्रासंगिक होगा कि लाहौर षड्यंत्र केस मुखबिरों के सौजन्य से दो चरणों में दाखिल किया गया था। पहले चरण में सांडर्स हत्याकांड था तो दूसरे चरण में लाहौर बम फैक्टरी जैसा राजद्रोह। सरकार ने अपने मुखबिरों और गवाहों के बयानों से इन दोनों चरणों को संबद्ध करके जो अभियुक्त बनाए थे, वे निम्नलिखित थे—

(1) सुखदेव
(2) किशोरीलाला
(3) शिव वर्मा
(4) डॉक्टर गया प्रसाद
(5) यतींद्रनाथ दास
(6) जयदेव कपूर
(7) भगत सिंह
(8) बटुकेश्वर दत्त
(9) कमलनाथ तिवारी
(10) आशाराम

(11) जितेंद्रनाथ सान्याल
(12) देशराज
(13) प्रेमदत्त
(14) सुरेंद्र पांडेय
(15) अजय घोष
(16) महावीर घोष

इनमें पाँच अभियुक्त फरार थे, जो निम्नलिखित थे—

(1) चंद्रशेखर आजाद
(2) भगवतीप्रसाद
(3) कालीचरण
(4) सतगुरु दयाल
(5) यशपाल

ट्रिब्यूनल अदालत में सुनवाई होने पर इनमें तीन अभियुक्तों को विभिन्न संदेह लाभों में छोड़ दिया गया, जिनमें आशाराम, बटुकेश्वर दत्त और सुरेंद्र पांडेय थे। इस अदालत का फैसला 400 पृष्ठों में लिखा गया था।

सरकार की ओर से जो गवाह (अप्रूवर) बने, उनके नाम निम्नलिखित रहे—

(1) रामसरन दास
(2) ब्रह्मदत्त
(3) फणींद्रनाथ
(4) ललित कुमार
(5) मनमोहन बनर्जी
(6) जयगोपाल
(7) हंसराज वोहरा

इनमें से दो अप्रूवर तो अपनी गवाही से मुकर गए, जो ब्रह्मदत्त और रामसरन दास थे। शेष पाँच अन्य अप्रूवरों ने देश की क्रांति को लज्जित करने में कोई कसर नहीं छोड़ी। फणींद्र और मनमोहन ने जहाँ बिहार और बंगाल के क्रांतिकारियों की गतिविधियों का खुलासा किया, वहीं ललित कुमार ने आगरा व इलाहाबाद और जयगोपाल व हंसराज ने पंजाब की क्रांति को शर्मसार किया। इनके अतिरिक्त प्रेमदत्त, महावीर सिंह और गया प्रसाद ने अपराध स्वीकार किया।

अदालत ने पुलिस की छानबीन और गवाहों के बयानों से इन अभियुक्तों पर निम्नलिखित गतिविधियों का आरोप लगाया—

(1) सन् 1928 में सी.आई.डी. के अफसर जे.एन. बनर्जी पर घातक गोली चलाई।

(2) परचों के माध्यम से हिंसा और सरकार विरोधी भावनाएँ भड़काईं।

(3) 3 मार्च, 1928 को काकोरी केस के अभियुक्त जोगेशचंद्र चटर्जी से जेल में भेंट कर उसे जेल से छुड़ाने का असफल प्रयास किया।

(4) 4 दिसंबर, 1928 को पंजाब नेशनल बैंक में डकैती का उद्योग किया।

(5) 17 दिसंबर, 1928 को डी.एस.पी. जे.पी. सांडर्स की निर्मम हत्या कर दी गई।

(6) 8 अप्रैल, 1929 को दिल्ली असेंबली में बम विस्फोट किया।

(7) लाहौर की कश्मीर बिल्डिंग में बम निर्माण का अवैध कारखाना स्थापित करके देश में जघन्य गतिविधियों की तैयारी की गई।

(8) सहारनपुर में विस्फोटक सामग्री से राजद्रोह की तैयारी की गई।

इनमें अधिकांश आरोपों में गवाहों ने प्वॉइंट-टू-प्वॉइंट सारी गतिविधियों का खुलासा कर दिया था। क्रांतिकारियों के अगुआ सुखदेव और भगत सिंह को आरोपों से कोई भय नहीं था। इतना तो वे भी जानते थे कि युवा क्रांति से घृणा और भय माननेवाली ब्रिटिश सरकार उनसे जल्दी ही छुटकारा पाने के लिए किसी भी हद तक जा सकती है, भले ही उन्हें कितना भी अन्याय और आलोचना सहनी पड़ी। शहादत तो निश्चित थी और यही सोचकर उन क्रांतिकारियों ने एक लक्ष्य अपने दिमाग में रख लिया था कि जितना हो सके, अदालत के मंच से विश्व बिरादरी को भारतीय युवा क्रांति से परिभाषित कराना था।

इस लक्ष्य के लिए विशेष मानसिक तैयारी की गई थी और निश्चिंतता का ऐसा मंत्र आत्मसात् किया गया, जिससे ब्रिटिश सरकार सहमी और बौखलाई रही तथा ऐसे क्रूर कदम उठाती रही, जैसे क्रांतिकारी चाहते थे। प्रत्युत्तर में जनमानस उतने ही मनोयोग से इस युवा क्रांति से जुड़ता गया और चारों ओर से क्रांति के समर्थन में आवाजें उठने लगीं। यहाँ तक कि हालात ऐसे हो गए कि महात्मा गांधी द्वारा क्रांतिकारियों से ऐसे हिंसात्मक कार्यों को विराम देने की भावपूर्ण अपील समाचार-पत्रों के माध्यम से की गई। यह युवा क्रांति की असाधारण विजय थी, जिसकी गूढ़ता को जानने के लिए बुद्धि की आवश्यकता थी। युवा क्रांति ने अदालती मंच को वैचारिक क्रांति का क्षेत्र बना दिया था। न्याय की परिभाषा न्याय के मंदिर में ही परिभाषित होनेवाली थी।

क्या विहंगम दृश्य था! कैसी वीरता के साथ आजादी के दीवाने अदालत में प्रवेश करते थे कि सारा वातावरण ही राष्ट्रमय हो जाता था। वीर सच्चे सपूत जब

युगल स्वर में आजादी का गान करते और उनके पार्श्व में लयबद्ध गान होता तो प्रतीत होता कि जैसे वहाँ अदालत की कार्यवाही नहीं, बल्कि स्वतंत्रता का दिवस मनाया जा रहा है। जब वे जेल से अदालत लाए जाते तो मार्ग में दोनों ओर खड़ा जनसमूह अपने उन युवा वीरों के दर्शन करने उमड़ पड़ता। बेड़ियों और हथकड़ियों में सजे वे युवा क्रांतिकारी अपने इस अभिवादन में गगनभेदी 'वंदेमातरम्' और 'इंकलाब जिंदाबाद' का घोष करते। अपार जनसमूह इस नारे को और भी बुलंद स्वर दे देता।

जब क्रांतिकारी अदालत में प्रवेश करते तो वे अनोखे अंदाज में क्रांति और शोषण की तुलना करते कि अंग्रेज अधिकारी तथा अंग्रेज पिट्ठू सहम जाते—

सरफरोशी की तमन्ना अब हमारे दिल में है।
देखना है जोर कितना बाजू-ए-कातिल में है।

क्रांतिकारियों की सामूहिक ललकार के बाद सामूहिक बहिष्कार के ये शब्द तो जैसे अंग्रेजी नुमाइंदों को जहर भरे तीर की भाँति चुभते—

Down down with Union Jack!
Down down with Inmperiliasm!

फिर अंत में इंकलाब जिंदाबाद और वंदेमातरम् का जयघोष करके सब अपने-अपने स्थान पर बैठ जाते। इस उन्माद भरे जोशीले प्रदर्शन से क्रांतिकारी उन अंग्रेज भक्त भारतीयों को जाग्रत् करने का प्रयास करते थे, जो सुविधाभोगी प्रवृत्ति के आश्रय में रहकर अपनी अंतरात्मा में देश प्रेम की बात नहीं सोचते थे। अदालती कार्यवाही में अधिकांशत: सरकारी पैनल ही था। सरकार ने आम जनता को अदालत में प्रवेश की अनुमति नहीं दी थी और वहाँ उपस्थित रहनेवाले अधिकांश जर्नलिस्ट सरकार की कलम लेकर ही वहाँ बैठते थे। अदालत के बाहर विशाल जनसमूह को सँभालना प्रशासन के लिए टेढ़ी खीर हो रहा था।

क्रांति के सहयोगी मीडिया और लोगों पर सरकार का प्रतिबंध सुखदेव की योजना में बाधक तो बन रहा था, लेकिन वे निश्चिंत थे कि क्रांति की यह आवाज प्रतिबंध की दीवारों को तोड़कर भी गंतव्य को पहुँचेगी। अपार जनसमर्थन से क्रांतिकारियों के हौसले बढ़े हुए थे और वे अपनी मस्ती में झूम रहे थे।

एक दिन जयगोपाल अपना बयान दे रहा था। कभी अभियुक्तों का निकट सहयोगी रहा और वतन पर मर मिटने की बात करनेवाला वह कायर प्राणों के भय से थर-थर काँपता, भीख में प्राणदान पाकर आज अपने देश के गौरव उन वीर सपूतों को हेय दृष्टि से देख रहा था। उसकी आवाज में निर्लज्जता और कायरता थी।

जयगोपाल की कृतघ्नता, कायरता और देशद्रोही मानसिकता पर उन्हें यह सोचकर लज्जा आ रही थी कि यह व्यक्ति कभी उनका अंतरंग साथी रहा था।

सब क्रांतिकारियों ने एक साथ 'शेम-शेम' कहकर जयगोपाल को उसकी निर्लज्जता का आभास कराया, लेकिन उस निर्लज्ज को लज्जा कहाँ थी। उसने खीसें निपोरकर क्रांतिकारियों का उपहास किया। इससे प्रेमदत्त, जो आयु में सबसे छोटा था, ने आगबबूला होकर अपनी चप्पल उतारी और खींचकर उसके मुँह पर मारी। एक पल को अदालत में सन्नाटा छा गया। क्रांतिकारियों ने जोर से इंकलाब का नारा लगाया। अदालत में जोर का शोर उठा और मजिस्ट्रेट श्रीकृष्ण ने हथौड़ा खटखटाकर कार्यवाही स्थगित करने के साथ ही जेल के सुपरिंटेंडेंट को लिखा—

''इन अभियुक्तों का आचरण अदालत की गरिमा के विरुद्ध है। अत: इनके खिलाफ कड़ी-से-कड़ी कार्यवाही की जाए।''

श्रीकृष्ण ने पुलिस को यह आदेश भी दिया कि आगे से अभियुक्तों को हथकड़ियों में जकड़कर लाया जाए और अदालत में भी हथकड़ियाँ न खोली जाएँ। क्रांतिकारियों ने इसका प्रबल विरोध किया। सुखदेव ने इसे घोर अन्याय और अमानवीय आदेश कहकर प्रश्न किया कि यह ब्रिटिश कानून की कौन सी धारा में लिखा गया कानून है। उसी समय पुलिस ने क्रांतिकारियों को हथकड़ियाँ पहना दीं, लेकिन क्रांतिकारी भी कम नहीं थे। उन्होंने विरोध का ऐसा स्वर मुखर किया कि थककर मजिस्ट्रेट श्रीकृष्ण को अदालत की कार्यवाही पूर्ण स्थगित करनी पड़ी। क्रांतिकारियों को वापस जेल ले जाया गया, जहाँ बाहर जनता ने उनकी जय-जयकार की।

सुखदेव सहित सभी क्रांतिकारी इस बात पर अड़ गए कि वे अदालत के इस तानाशाही आदेश को स्वीकार नहीं करेंगे। भले ही जान चली जाए, लेकिन वे अदालत में हथकड़ी लगाकर खड़े नहीं होंगे। क्रांतिकारियों ने अपनी एक समिति बनाई, जिसके तीन सदस्य सुखदेव, भगत सिंह और विजय कुमार सिन्हा नियुक्त किए गए। इस समिति ने अपना विरोध लिखकर समिति को दिया—

''जब तक यह आदेश वापस नहीं लिया जाएगा, तब तक हम लोग अदालत का बहिष्कार करते रहेंगे।''

अदालत ने क्रांतिकारियों के ज्ञापन को कोई महत्ता नहीं दी, लेकिन क्रांतिकारी भी कच्ची मिट्टी के नहीं बने थे। उन्हें दूसरे दिन अदालत ले जाने की जेल प्रशासन की सारी कोशिशें नाकाम रहीं। अगले दिन अधिकारियों ने कूटनीति से काम लिया।

''बंदी अधिनियम के अंतर्गत तुम सबको यहाँ से तो हथकड़ी लगाकर ही जाना होगा, लेकिन अदालत में तुम्हारी हथकड़ियाँ खोल दी जाएँगी।''

सुखदेव जानते थे कि यह एक चाल है, लेकिन वे यही तो चाहते थे कि सरकार ऐसे ही झूठा व्यवहार करे और जनता को उसकी नीयत का पता चलता रहे। सब अदालत में पहुँच गए तो मजिस्ट्रेट श्रीकृष्ण ने विजयी भाव से देखा, जैसे उसने यह चाल चलकर कोई बहुत बड़ी लड़ाई जीत ली हो। अदालत में क्रांतिकारियों की हथकड़ियाँ नहीं खोली गईं। सुखदेव ने अदालत और पुलिस दोनों को खूब धिक्कारा कि ब्रिटिश सरकार झूठे आश्वासनों के सिवा कुछ नहीं देती। उसने उन्हें धोखा दिया है। मजिस्ट्रेट मौन बैठे रहे, जबकि पुलिस अधिकारी हँसते रहे।

दोपहर के समय जलपान के लिए जब क्रांतिकारियों की हथकड़ियाँ खोली गईं तो उसके बाद क्रांतिकारी उन्हें दोबारा पहनने को राजी न हुए। पुलिसवाले बौखला गए। यह तो उनका ही हथियार उन पर आजमा दिया गया था। पुलिस ने बल प्रयोग करना चाहा तो क्रांतिकारी उनसे ही भिड़ गए। अदालत में ही संग्राम की स्थिति पैदा हो गई तथा घबराकर पुलिस को अपना एक और मुखौटा उतारना पड़ा, जिसके नीचे बर्बरता एवं क्रूरता का चेहरा था। पुलिस ने क्रूर पठानों की एक टोली बुलाई, जिसने पशुवत बड़ी निर्दयता दिखाते हुए भरी अदालत में क्रांतिकारियों को पीट-पीटकर लहूलुहान कर दिया। यह एक अमानवीय और घृणित कृत्य था, जिसकी निंदा देश में ही नहीं, बल्कि विदेशों में भी हुई।

इस बर्बरता से सारा देश उबल गया। अदालत के बाहर सरकार विरोधी नारे लगाए जा रहे थे। सरकार को उसके कृत्यों के लिए कोसा जा रहा था और क्रांतिकारियों को डटे रहने का हौसला दिया जा रहा था। बड़ी विचित्र स्थिति बन गई थी। पुलिस भी सहम गई थी। अंततः पुलिस ने सरकार को सूचित किया कि उन क्रांतिकारियों की इच्छा के विरुद्ध उनसे कोई कार्य नहीं कराया जा सकता। सरकार का आदेश हो तो उनकी जान ली जा सकती है। सरकार स्तब्ध रह गई। पुलिस की हताशा निश्चय ही शासन के लिए शोचनीय हो जाती है। सरकार ने तत्काल प्रभाव से अदालत के उस आदेश को रद्द कर दिया, जिसमें अभियुक्तों को सुनवाई के दौरान भी हथकड़ी में जकड़े रहना पड़ता। यह क्रांति की ऐतिहासिक विजय थी।

अदालत में हुई उस बर्बरता का समाचार देश में ही नहीं विदेश में भी फैला। इसका व्यापक प्रभाव भी हुआ। लोगों ने जमकर आलोचना की और क्रांतिकारियों के केस को आर्थिक सहायता भी मिलनी आरंभ हो गई। जापान, कनाडा, दक्षिण अफ्रीका और पोलैंड जैसे देशों से प्रतिक्रियाएँ एवं आर्थिक सहायता मिलने लगी। उस दिन देश भर में क्रांतिकारी दिवस मनाया गया। इस भव्य जीत ने क्रांतिकारियों का मनोबल आसमान से भी ऊँचा कर दिया था।

अब क्रांतिकारी और भी निर्भीक हो गए थे। शिव वर्मा जो इस केस में अभियुक्त थे, ने एक और विलक्षण बुद्धिमत्ता का कार्य कर दिखाया, जिसने क्रांति के उस नए स्वरूप को चिंतन का स्वरूप बना दिया। क्रांतिकारी अपनी पैरवी स्वयं ही करते थे और यह सुखदेव की ही योजना थी। गवाहों से जिरह करके क्रांतिकारी उनकी विश्वसनीयता को संदेह के घेरे में लाते थे। एक दिन फणींद्रनाथ घोष की गवाही थी, शिव वर्मा ने उससे बहस की और बातों में उसे ऐसा उलझाया कि वह उत्तेजना में बम बनाने की विधि का वर्णन कर बैठा। यह वक्तव्य समाचार-पत्रों और अन्य माध्यमों से बाहर पहुँचा तथा बाहरवाले क्रांतिकारी संगठनों को बम का निर्माण करने की विधि प्राप्त हुई। इसका व्यापक प्रभाव भी देखने को मिला। लाहौर में और भी कई कांसपिरेसी केस दर्ज हुए। इनमें अधिकांश युवा ही गिरफ्तार थे, जिनसे स्पष्ट होता था कि वे सुखदेव और भगत सिंह से प्रेरित होकर ही आजादी की लड़ाई में कूदे थे।

क्रांतिकारी जेल में रहकर भी क्रांति का सफल और व्यापक प्रचार कर रहे थे। यह सुखदेव की परिकल्पना का ही परिणाम था।

सरकार क्रांतिकारियों के हथकंडों से स्वयं को असहाय महसूस कर रही थी और चाहती थी कि अतिशीघ्र ही उन्हें सजा देकर उनसे छुटकारा पाया जाए, लेकिन रोज-रोज स्थगित होती अदालत की कार्यवाही का कोई उपाय नजर नहीं आ रहा था। देश-विदेश में सरकार की भर्त्सना हो रही। ब्रिटिश कानूनविदों ने इस स्थिति को भाँपा तथा सरकार को एक और अन्यायपूर्ण राय दे डाली कि ऐसा बिल पारित कर दिया जाए, जिसमें अभियुक्त की अनुपस्थिति में और वकीलों की उपस्थिति में ही जज को सुनवाई करने का अधिकार हो। सरकार को राय तो अच्छी लगी थी, लेकिन प्रतिपक्ष का भय भी था, जो किसी भी कीमत पर इस बिल को पारित नहीं होने दे सकता था। तब वायसराय के विशेषाधिकार के प्रयोग की आवश्यकता पर जोर दिया गया। 12 सितंबर, 1929 को सरकार ने असेंबली में इस बिल का प्रस्ताव रखा और जैसा कि अपेक्षित था, प्रतिपक्ष ने इसे आड़े हाथों लिया। सरकार सहम गई और फिर 1 मई, 1930 को वायसराय लॉर्ड इरविन ने आंशिक संशोधनों के साथ विशेषाधिकार से यह प्रस्ताव पारित कर दिया।

इसमें तीन जजों का एक स्पेशल ट्रिब्यूनल गठित किया गया, जिन्हें अधिकार दिया गया कि वे अभियुक्तों, उनके वकीलों एवं गवाहों की अनुपस्थिति में भी अपना निर्णय सुना सकेंगे। यह एक आश्चर्यपूर्ण ट्रिब्यूनल रहा, लेकिन क्रांति के शोलों से झुलसती ब्रिटिश सरकार को अपनी अन्यायी सत्ता बचाने के लिए अभी तो

ऐसे कितने ही अविवेकपूर्ण निर्णय लेने थे।

लाहौर षड्यंत्र केस की सुनवाई के लिए पंजाब हाईकोर्ट ने जो स्पेशल ट्रिब्यूनल गठित किया, उसमें तीन जज रखे गए। इनमें जे. कोल्डस्ट्रीम चीफ जस्टिस थे और आगा हैदर व जी.सी. हिल्टन जस्टिस मेंबर थे। सरकारी वकील कोर्डनाड ने क्रांतिकारियों के विरुद्ध मोर्चा सँभाला।

सुखदेव और भगत सिंह ने इस विशेष ट्रिब्यूनल पर विचार-विमर्श किया। भगत सिंह ने इसका बहिष्कार करने की सलाह दी, लेकिन सुखदेव ने कहा कि उससे कोई लाभ नहीं होगा। ट्रिब्यूनल के अधिकार उनके बहिष्कार की स्थिति में अधिक प्रभावी होंगे। अत: उन्हें चलकर ही ट्रिब्यूनल को जवाब देना होगा। फिर सभी क्रांतिकारी अपने उसी अलमस्त खिलंदड़ अंदाज में ट्रिब्यूनल के सामने पहुँचे और अपने नारों से अपने नारों को गुंजायमान कर दिया। चीफ जस्टिस कोल्डस्ट्रीम ने उनके नारों का शाब्दिक अर्थ जाना तो दाँत पीसने लगे, लेकिन उन्हें स्वयं पर संयम रखना पड़ा। सरकार की पहले ही कम छिछालेदारी नहीं हो रही थी। उन्हें अभियुक्तों के बारे में विशेष बताया गया था कि वे क्रांतिकारियों को साधारण जोशीले नौजवान समझने की भूल न करें और उनके किसी कथन पर उग्रता न दिखाएँ, क्योंकि यही उनका हथकंडा है। आज सरकार को जितनी थू-थू सहनी पड़ रही थी, वह सब इसी कारण है।

कोल्डस्ट्रीम ने स्वयं को संयत किया और सभी अभियुक्तों से कहा कि उनके बचाव में कोई वकील न होने के कारण यदि वे चाहें तो सरकारी खर्चे पर उन्हें वकील उपलब्ध कराया जा सकता है। इस पर सुखदेव ने जवाब दिया—

"हमें कोई वकील नहीं चाहिए। हम इस अदालत को मान्यता ही नहीं देते।"

चीफ जस्टिस इस बेबाक टिप्पणी से तिलमिला गए। ट्रिब्यूनल की कार्यवाही शुरू हो गई। क्रांतिकारियों के प्रश्नों और उत्तरों ने कोल्डस्ट्रीम को बौखला दिया। तीन-चार दिन में ही कोल्डस्ट्रीम का धैर्य जवाब दे गया। क्रांतिकारियों के गीत, नारे और खिलंदड़ व्यवहार ने उस विशुद्ध अंग्रेज को भड़का दिया। अतत: कोल्डस्ट्रीम ने अपने अधिकार का बेजा प्रयोग करते हुए पुलिस को आदेश दिया कि उन अभियुक्तों को किसी भी प्रकार रोका जाए। किसी भी प्रकार का अर्थ पुलिस के लिए बल का प्रयोग ही था। अत: पिछली बार की भाँति ही वही बर्बरतापूर्ण कृत्य दोहराया गया, जिसने न्यायिक व्यवस्था को तार-तार कर दिया।

पुलिस ने अपनी लाठियों से क्रांतिकारियों पर ऐसा हमला बोला कि वहाँ चीख-पुकार मच गई। इस क्रूरता ने जस्टिस आगा हैदर को भी सहमने पर विवश कर दिया

और उनके अंदर का भारतीय जाग उठा। वे इस अन्यायपूर्ण कृत्य को सहन न कर सके और वहाँ से उठकर जाने लगे। चीफ जस्टिस ने उनसे वहीं बैठे रहने का अनुरोध किया। जस्टिस हैदर उस व्यवस्था से बँधे थे, लेकिन उनका भारतीय हृदय रो रहा था। उन्होंने अखबार उठाकर अपनी आँखों के सामने रख लिया।

इस घोर बर्बरता के बाद जस्टिस कमेटी के चीफ कोल्डस्ट्रीम ने अपनी रिपोर्ट में लिखा—

"अभियुक्तों के दुर्व्यवहार के कारण अदालत का फैसला कल के लिए स्थगित किया गया। सभी अदालत से चले गए और अभियुक्तों को भी हटा दिया गया।"

जस्टिस आगा हैदर ने व्यथित होते हुए रजिस्टर में अपनी जो प्रतिक्रिया व्यक्त की उसने युवा क्रांति की विजय की एक और गाथा लिख दी। उन्होंने लिखा—

"मैं अभियुक्तों को अदालत से वापस जेल भेजने के आदेश में सहयोगी नहीं हूँ। साथ ही आज अदालत में जो हुआ, उस प्रक्रिया से पूरी तरह असंबद्ध हूँ।"

यह युवा क्रांति की बहुत बड़ी जीत थी। यह जस्टिस हैदर की बहुत बड़ी जीत थी, जिसने इतिहास में उनका नाम रोशन कर दिया। उनके इस बहिष्कार से सरकार की अन्यायी व्यवस्था का चेहरा खुलकर सामने आया। जस्टिस आगा हैदर ने जो किया वह एकदम बिगुल फूँकने जैसा था। 15 मई, 1930 के बाद उन्होंने अदालत में कभी कदम नहीं रखा तो यह एक महान् परिवर्तन का संकेत था।

सुखदेव ने श्रद्धा से जस्टिस हैदर की प्रशंसा की।

जस्टिस हैदर ने वह कर दिखाया, जो सुखदेव और भगत सिंह चाहते थे। उनके द्वारा ट्रिब्यूनल का बहिष्कार एक प्रकार से ब्रिटिश साम्राज्य का बहिष्कार था। सरकार कुपित हो गई और उसे ट्रिब्यूनल को भंग करना पड़ गया। इस घटना में एक विशेष बात यह भी हुई कि चीफ जस्टिस कोल्डस्ट्रीम को भी सरकार का कोपभाजन बनना पड़ा। कोल्डस्ट्रीम को भी ट्रिब्यूनल से हटा दिया गया।

अब नया ट्रिब्यूनल गठित किया गया, जिसमें चीफ जस्टिस जी.सी. हिल्टन, अब्दुल कादिर और जे.के. टैप को जस्टिस मेंबर नियुक्त किया गया। एक बार फिर से अदालती कार्यवाही शुरू हो गई, लेकिन इस बार क्रांतिकारियों ने उसमें भाग लेने से मना कर दिया। अपने अधिकारों के अनुसार ट्रिब्यूनल एकतरफा कार्यवाही करता रहा। 26 अगस्त, 1930 तक एकतरफा सुनवाई चलती रही। अदालत ने अपना काम कर लिया और अभियुक्तों को संदेश भेज दिया गया कि वे चाहें तो अपनी सफाई के लिए अदालत में आ सकते थे, लेकिन सुखदेव ऐंड पार्टी ने इसमें कोई दिलचस्पी नहीं ली।

यहाँ यह प्रश्न उठता है कि नए ट्रिब्यूनल में क्रांतिकारी क्यों नहीं गए। सच तो यह है कि क्रांतिकारी अपना लक्ष्य हासिल कर चुके थे। वे दुनिया को सरकार का असली चेहरा दिखाना चाहते थे और यह कार्य वे कई अवसरों पर कर चुके थे। सरकार की अनीतियों और अन्यायों की विश्वव्यापी चर्चा हो गई थी तथा अंतिम चोट उन्होंने यह कर दी कि अब दुनिया देख रही थी कि कैसे संसार में स्वयं को सबसे न्यायवादी शासक कहनेवाली ब्रिटिश सरकार एकतरफा मुकदमे की सुनवाई करके मानवाधिकारों का हनन करके अपना क्रूरतम चेहरा दिखा रही थी।

सुखदेव का दृष्टिकोण भी स्पष्ट करना आवश्यक है। वे जानते थे कि इस सरकार से न्याय की आशा रखना घोर मूर्खता है। शिव वर्मा ने अपनी पुस्तक 'संस्मृतियाँ' में सुखदेव के बारे में लिखा है—

"केस के दौरान सफाई और बचाव आदि के मामले में सुखदेव उदासीन रहे। वे केस की पैरवी में उसी सीमा तक भाग लेने के पक्ष में थे, जब तक अदालती मंच को क्रांतिकारी आदर्शों के प्रचार के साधन के रूप में इस्तेमाल किया जा सके। ब्रिटिश सरकार जो क्रांतिकारियों को घोर शत्रु मानती थी, उससे न्याय की आशा रखना सुखदेव बेमानी समझते थे। इस घोर शत्रु के कर्मचारी चाहे वह शासन का हो या प्रशासन का, सुखदेव न तो शालीन व्यवहार की आशा रखते थे और न ही उन्होंने उन लोगों से शालीन व्यवहार किया।"

इससे स्पष्ट है कि सुखदेव केवल-और-केवल अपने लक्ष्य पर केंद्रित थे। वे अन्य सभी क्रियाकलापों से बिल्कुल विरक्त थे। उन्हें जीवन से मोह नहीं था। बस, ध्येय पर विश्वास था।

सुखदेव आरंभ से ही अदालत में स्वयं से संबंधित केस में उदासीन रहे। वे केवल तब बोलते थे, जब क्रांति को गवाहों द्वारा कलंकित किया जाता। तब वे बड़ी ओजस्वी में क्रांति के उद्देश्य और रूप का वर्णन करते, जिसे सुनकर उपस्थित श्रोता भी मुग्ध हो जाते और अखबारों में उसके विशेषांक निकाले जाते। पूर्व में भगत सिंह भी ऐसा कर चुके थे। दोनों मित्रों ने एक साथ बैठकर इस पर गहन चिंतन-मनन किया था।

न्याय-प्रणाली में सुखदेव का विश्वास नहीं था और उनका मानना था कि यदि न्याय-प्रणाली ही स्वच्छ और पारदर्शी होती तो क्रांति की क्या आवश्यकता थी। वे जब भी अदालत में आए, अपने स्थान पर उदासीन ही बैठे रहे। उनकी एक और विशेषता यह रही कि उन्होंने अपने क्रेस के संबंध में गवाहों से कभी कोई बहस नहीं की तथा न ही अपनी सफाई में कुछ कहा। गवाहों ने उन पर कटाक्ष किए,

लेकिन वे मुसकराते रहे। जब जयगोपाल ने चंद्रशेखर आजाद की लाहौर से सुरक्षित निकासी में उनकी माता का नाम लिया, तब भी वे कुछ न बोले और निर्लिप्त भाव से बैठे रहे। जब भी उनसे इस संबंध में सवाल हुआ तो वे मुसकराते और मौन रह जाते। एक बार उनके ताऊजी चिंताराम थापर ने भी उनसे ऐसी ही शिकायत की।

"सुखदेव! मैं देखता हूँ कि अन्य सभी तो अपने पक्ष में बचाव की दलीलें देते हैं, लेकिन तू अपने विरुद्ध आरोपों पर मौन ही रहता है। ऐसा क्यों?"

"ताऊजी! मैं किससे जिरह करूँ! सभी तो मेरे साथी हैं। वे झूठ भी तो नहीं बोल रहे। वे जो कह रहे हैं, वह सब मैंने किया है। अदालत यह बात मुझसे भी जान सकती है और फिर क्या क्रांति का मार्ग हमने अदालत में सफाई देने के लिए पकड़ा था! हमने सरकार का विरोध किया है और सरकार हमें उस विरोध की सजा अवश्य देगी। फिर यह सफाई क्यों?"

सुखदेव अपने क्रांतिकारी साथियों से भी कहते थे कि हमें केस से संबंधित आरोपों और सफाइयों से कोई लेना-देना नहीं है। हमें दृढ़ता से कहना चाहिए कि हाँ, हमने यह किया है। जब सवाल हो कि क्यों किया है तो क्रांति का उद्देश्य प्रकट करने का अवसर जानकर धाराप्रवाह बोलते रहना चाहिए। हमें सरकार को यह नहीं दिखाना कि हमने राजद्रोह किया, बल्कि यह दिखाना है कि राजद्रोह क्यों किया है।

यह भी सत्य था कि सुखदेव अन्य क्रांतिकारियों से भिन्न थे। उनकी अपनी अन्य मान्यताएँ थीं, अपने विचार थे और अपने निर्णय थे। यदि उनकी अटूट श्रद्धा किसी में थी तो वह क्रांति में थी। इसके अतिरिक्त न वे कुछ सोचते थे और न ही वे कुछ करते थे। उनका दर्शन एक प्रकार से पंजाब की क्रांति की शक्ति थी।

ब्रिटिश साम्राज्य ने जिस प्रकार युवा क्रांति के सामने अपने घुटने टेके, वह अपने आप में एक अप्रतिम उदाहरण है। जिस साम्राज्य ने कई सदियों तक अपनी न्याय-व्यवस्था को विश्वभर में शानदार और मानवतावादी प्रदर्शित किए रखा, उसकी पोल अब पूरी तरह से खुल गई थी। युवा क्रांति के इस रूप ने उसका निर्दयी चेहरा सबके सामने ला दिया था और साथ ही यह भी सिद्ध कर दिया था कि वह सरकार अपनी क्रूर सत्ता को बनाए रखने के लिए कितना भी नीचे गिर सकती थी। यह सब युवा क्रांति के सौजन्य से ही संभव हो सका।

तत्कालीन कांग्रेसी और अहिंसक आंदोलन के समर्थकों ने इस युवा क्रांति को रक्तपात करनेवाली क्रांति बताया, जबकि यह उसी आंदोलन को एक नए रूप में समर्थन करती धारा थी। इसमें अहिंसा का दर्शन भी रहा था। सुखदेव और भगत सिंह ने जो योजना बनाई थी, उसमें यदि हिंसा थी भी तो केवल इस रूप में थी कि

उससे ब्रिटिश साम्राज्य की बर्बर हिंसा को सामने लाया जा सकता। जब असेंबली में बम फेंका गया तो क्या क्रांतिकारी इतने भी सक्षम नहीं थे कि तत्कालीन वायसराय जॉर्ज शुस्टर को मौत का निवाला बना देते। उन्होंने अहिंसा का सहारा लेते हुए ही कम शक्ति के बम का प्रयोग किया अन्यथा असेंबली का दृश्य और भी भयावह हो सकता था। भगत सिंह के पास तो पिस्तौल भी थी, जिससे उन्होंने दो हवाई फायर भी किए थे तो क्या उसकी एक गोली वायसराय के लिए पर्याप्त नहीं थी। सबसे बड़ा प्रश्न तो यह कि जब बम धमाकों के बाद अफरा-तफरी मची थी तो क्या भगत सिंह और बटुकेश्वर दत्त वहाँ से सकुशल नहीं भाग सकते थे! उन्होंने स्वेच्छा से गिरफ्तारी दी और जिस अपराध की गंभीरता को वे बढ़ा सकते थे, उसे चेतावनी का रूप देकर ही उस कठिन दंड को भुगतने हँसकर चल पड़े, जो संभवत: वायसराय की हत्या के बाद भी उतना ही कठिन रहता, जितना अब था। कहने का सार यह है कि उन युवाओं को केवल आयु और जोश के आधार पर आतंकी एवं लुटेरे कहा गया, जबकि उनकी लड़ाई का तरीका विशुद्ध वैश्विक क्रांति से प्रेरित था।

फ्रांस की क्रांति में वहाँ के सम्राट् लुई सोलहवें के क्रूर अत्याचारों की परिणति जब हुई तो उसे अपनी पत्नी आंतोक्षांत के साथ भारी कीमत चुकानी पड़ी और 'ग्लोटिन' जैसी क्रूर विधि से उसके प्राण ले लिये गए, जिससे यही संदेश दिया गया कि क्रूरता के साथ, क्रूरता का व्यवहार ही श्रेष्ठ है। रूसो, वॉल्टेयर और मांटेस्क्यू ने सशस्त्र क्रांति का नेतृत्व एवं समर्थन किया तथा सफल भी हुए। भारतीय युवाओं ने इस सशस्त्र क्रांति में भी संशोधन किए।

हिंसक और अहिंसक आंदोलन में एक समानता यह भी थी कि दोनों ही ब्रिटिश सरकार को संवैधानिक रूप से जगाना चाहते थे, जबकि युवा क्रांति ने इसमें एक विशेष बात और जोड़ी। वे जनता को भी अपने अधिकारों के लिए जाग्रत् करना चाहते थे। उनका मानना था कि अधिकार देनेवाले और लेनेवाले सजग रहें तो सामाजिक असमानता नहीं पनप सकती। युवा क्रांति भारत में बढ़ते पश्चिमीकरण के प्रबल विरोधी थे। उन्होंने जनशक्ति को सजग और एकजुट करने की दिशा में सघन प्रयास किए तथा ब्रिटिश साम्राज्य, जो सदैव जानता था कि जहाँ जनशक्ति एकजुट होकर विरोध करती है, वहाँ शासन को सँभालना असंभव हो जाता है। कांग्रेसी आंदोलन में राजनैतिक स्वतंत्रता का समर्थन रहा और सफलता भी पाई, इसमें कोई संदेह नहीं। ब्रिटिश साम्राज्य ने असेंबली में उनकी भागीदारी को स्वीकार किया, लेकिन क्या इसका लाभ जनसाधारण को मिल पाया। क्या प्रतिपक्ष के रूप

में कभी कांग्रेस सरकार की मनमानियाँ रोक सकी! ब्रिटिश सरकार ने कितनी बार प्रतिपक्ष के विरोध के बाद भी अपनी इच्छा के प्रस्ताव पारित किए। यह ब्रिटिश सरकार की अनीतिकारी मानसिकता नहीं थी तो क्या थी।

यह कहा जा सकता है कि आंदोलनों के इन दोनों स्वरूपों में ब्रिटिश सरकार ने अंतर खोज लिया था। अहिंसा आंदोलन से उसे कोई खतरा नहीं था और सरकार ने इसके समर्थकों को अपनी ढाल के रूप में प्रयोग किया। अधिक विरोध हुआ तो इन्हें व्यक्तिगत सुविधाओं से प्रसन्न भी किया, जबकि क्रांति ने उसे भयभीत किया। प्राणों का भय उन्हें इतना अधिक सताया कि वे अपने असली चरित्र पर उतर आए, जिसे वे अहिंसा आंदोलन से छिपाकर रखते थे। सन् 1924 से सन् 1931 तक ब्रिटिश सरकार ने सभी अनैतिक, अमानवीय और अन्यायपूर्ण कार्य किए, जिनका विरोध तो अहिंसा आंदोलन ने अवश्य किया, लेकिन उसके किसी भी अन्यायी कार्यक्रम में कोई परिवर्तन नहीं ला सकी।

लाहौर षड्यंत्र केस आर्डिनेंस का भ्रष्ट, अन्यायपूर्ण, मानवाधिकारों के विरुद्ध कानून वायसराय लॉर्ड इरविन ने अपने विशेषाधिकार से थोप दिया, जबकि कांग्रेस ने प्रबल विरोध भी किया तो क्या यह स्पष्ट नहीं करता कि ब्रिटिश सरकार के अपने हित सर्वोपरि थे और वह इनमें किसी भी प्रकार के हस्तक्षेप की अवमानना करने को प्रतिबद्ध थी। औद्योगिक विवाद बिल और सार्वजनिक सुरक्षा बिल की सच्चाई क्या स्पष्ट नहीं थी कि जिनसे श्रमिक वर्ग और विरोधी वर्ग को कुचलने का बेरहम कानून लागू हुआ और यह सब विशेषाधिकार से ही हुआ। क्या था यह विशेषाधिकार? क्या ब्रिटिश सरकार की औपनिवेशिक मानसिकता का ब्रह्मास्त्र नहीं था, जिसकी कोई काट किसी भारतीय नेता के पास नहीं थी।

सन् 1905 में वायसराय लॉर्ड कर्जन ने उदारवादी आंदोलन की कमजोरी का लाभ उठाते हुए भारत की एकता और अखंडता पर जो मर्मांतक आघात किया, उसे कभी नहीं भुलाया जा सकेगा। बंग-भंग करके सरकार ने एक तरह से हर आंदोलन की कमर तोड़ दी। इससे भारत में सांप्रदायिकता का ऐसा जहर घुला, जो आज तक भी त्रास दे रहा है। तब उदारवादी नेताओं ने छिटपुट विरोध किया और अनशन भी किया, लेकिन वे सरकार की चाल को नहीं काट सके। बंगाल का वह विभाजन अटल रहा, जिसने भारतीय स्वतंत्रता आंदोलन को प्रभावित किया! और सन् 1906 में मुसलिम लीग के उदय के साथ ही ब्रिटिश शासन का मंतव्य पूरा होता दिखाई दिया तथा उसका परिणाम एक और बड़ा विभाजन था, जिसने इतिहास के पन्नों पर क्रूर काली इबारतें लिख डालीं।

इन सारे प्रकरणों से स्पष्ट होता है कि उदारवादी आंदोलनों का सरकार पर ऐसा कोई दबाव या प्रभाव नहीं था, जिससे वह अपनी दमनकारी नीतियों से अपने हाथ पीछे खींच सकती। इसके विपरीत क्रांति से उसे सदैव भय रहा और उसने हर कदम फूँक-फूँककर रखा। क्रांति को कुचलने में उसने अमानवीय कृत्यों को सहारा लिया और विशेषाधिकार जैसे ब्रह्मास्त्र का प्रयोग किया।

7 अक्तूबर, 1930 भारतीय क्रांति के इतिहास में एक ऐसी तारीख है, जो सदैव अविस्मरणीय रहेगी। इस दिन ब्रिटिश सरकार ने अपने काले कानूनों का सफल प्रयोग किया। सुखदेव सहित सभी क्रांतिकारियों का फैसला इसी तारीख को सुनाया गया था, जो वास्तव में अक्तूबर तक के लिए स्थगित था। यह सरकार की एक और क्रूर व अन्यायपूर्ण कारगुजारी थी। 7 अक्तूबर को ट्रिब्यूनल ने एक आदेश जारी किया—

"11 सितंबर, 1930 को अदालत ने एक आदेश में इस मुकदमे का फैसला 8 अक्तूबर, 1930 तक के लिए स्थगित किया था, जिसका कारण अभियुक्तों को इसी बीच अपनी सफाई स्वयं या वकील के माध्यम से देने की आवश्यकता को समझना था। आज अदालत अपना फैसला सुनाने जा रही है। अत: अभियुक्तों को शीघ्र अदालत में पेश किया जाए, जिससे वे फैसला सुन सकें।"

क्रांतिकारी तो बहुत पहले ही जानते थे कि फैसला क्या होगा। अत: उसे सुनने का कोई औचित्य ही नहीं था। उन्होंने तो फैसले की झलक 5 अक्तूबर को जेल में ही देख ली थी, जब जेल प्रशासन ने उनके सम्मान में रात्रिभोज का आयोजन किया था। यह वह भोज था, जो काकोरी कांड के अमर शहीदों अशफाक उल्ला खाँ और रामप्रसाद बिस्मिल को भी दिया गया था।

5 अक्तूबर को जेल के अधिकारियों ने रात्रिभोज का निमंत्रण देकर क्रांतिकारियों को बता दिया था कि क्या होनेवाला है। सुखदेव ने तो तत्काल ही अधिकारियों से प्रश्न भी कर दिया।

"लगता है सरकार ने आखिरी मंत्र बोलकर हम लोगों की आहुति स्वतंत्रता की वेदी पर देने का शुभ अवसर हमें दे दिया है।" सुखदेव ने कहा।

"हम भी तो यही चाहते थे कि हमें फाँसी हो और सारा देश सरकार के अन्याय को देखे, जिससे जनजागृति का आक्रोश उबले।" भगत सिंह बोले।

दोनों क्रांतिदूतों के चेहरों पर मुसकराहट थी और इतनी बड़ी सांकेतिक सूचना ने भी उनके माथे पर भय की कोई शिकन तक न डाली थी। जेल के अधिकारी उन दीवानों की दीवानगी को देखकर हैरान थे और मन-ही-मन उनके जज्बे को सलाम कर रहे थे।

रात्रिभोज बड़ा भव्य हुआ। जेल प्रशासन और क्रांतिकारी आपस में आत्मीयता से बातें कर रहे थे। कैदी आपस में गले मिल रहे थे। जहाँ अधिकारी हैरान थे कि ये कैसे लोग हैं, जो मौत की दावत ऐसे मना रहे हैं, जैसे कोई यज्ञ था जो पूरा हुआ और क्रांतिकारी अपने लक्ष्य को पाकर आनंदमय हो राष्ट्रीय प्रेम में झूम रहे थे।

अत: सुखदेव आदि तो पहले ही अदालत के फैसले को जानते थे, इसीलिए उन्हें स्पष्ट कर दिया कि वे अदालत में नहीं जानेवाले।

सरकार अब जान चुकी थी कि क्रांतिकारियों ने उसकी पोल खोल दी है, जिससे भयंकर जनाक्रोश पैदा हो गया है। यह भी एक कारण था कि जो फैसला 8 तारीख को सुनाया जाना था, वह 7 को ही सुनाया गया। सरकार जनता के विरोध से भयभीत थी और जानती थी कि इस बार का विरोध भूख हड़ताल या अनशन नहीं होगा, बल्कि हिंसक होगा। हिंसक विरोध का दमन करने में जो संभावित तसवीर बनती थी, वे सरकार के लिए अत्यंत कष्टकारी बन सकती थी।

सरकार ने 7 अक्तूबर को जेल के बाहर इतनी पुलिस तैनात कर दी कि यदि विरोध होता भी तो इसके परिणाम बड़े घातक होते। सारे शहर में कर्फ्यू जैसी स्थिति थी। जनसाधारण को आशंका हो रही थी, लेकिन अधिकांश यह नहीं जान पाए थे कि आज शहर में इतना पुलिस बल क्यों है। सभी को 8 अक्तूबर का पता था। सरकार ने इंतजाम सुदृढ़ व दमनकारी किए थे।

फिर विश्व का इतिहास फैसला, जिसने ब्रिटिश सरकार की सभी प्रकार की अनीतियों का खुलासा किया, सुनाया गया। 281 पृष्ठों का यह फैसला नितांत अन्याय और अनीति पर आधारित था। मजे की बात यह रही कि अदालत का यह फैसला न्याय-नीति के अनुसार ट्रिब्यूनल को स्वयं या सेशन को सुनाना चाहिए, लेकिन भयभीत सरकार ने एक संदेशवाहक द्वारा ही इस महत्त्वपूर्ण फैसले को सुनाकर न्याय की गरिमा का उल्लंघन किया। यह विश्व के न्याय इतिहास की सबसे त्रासदीपूर्ण घटना कही जा सकती है। इतने बड़े मुकदमे का फैसला एक अर्दली जैसे संदेशवाहक द्वारा सुनाए जाने की संभवत: यह पहली घटना होगी। यह फैसला इस प्रकार था—

अभियोग में फाँसी की सजा—सुखदेव, भगत सिंह और राजगुरु (धारा 121, 302, 120-बी, 4 व 6 के अलावा सुखदेव पर धारा 109 भी।)

आजीवन काला पानी की सजा—किशोरीलाल, विजय कुमार सिन्हा, डॉक्टर गया प्रसाद निगम, शिव वर्मा, जयदेव कपूर, कमलनाथ और महावीर सिंह।

सश्रम कारावास की सजा—कुंदनलाल को 7 वर्ष की सश्रम कारावास की

सजा और प्रेमदत्त को 5 वर्ष की सश्रम कारावास की सजा।

इस फैसले ने निश्चित रूप से यह सिद्ध कर दिया था कि युवा क्रांति के सभी अभियुक्तों में सुखदेव को ब्रिटिश सरकार ने सबसे अधिक खतरनाक बताया था। उनके लिए संभवत: किसी भी अपील या दलील की आवश्यकता को ही समाप्त कर दिया गया। यह फैसला निश्चित रूप से सशस्त्र क्रांति में सुखदेव की भूमिका को महिमामंडित करता है, जिसमें उन्हें सर्वप्रमुख षड्यंत्रकारी घोषित किया गया।

सुखदेव के शब्दों में कहा जाए तो बात और स्पष्ट होती है—

''हम सबको फाँसी होगी और इसका कारण बम निर्माण का मुकदमा नहीं है, बल्कि सरकारी वकील के अनुसार हमने लंदन में बैठे सम्राट् क्राउन की नीतियों-अनीतियों को चुनौती दी है और यह राजद्रोह है, जिसकी सजा केवल फाँसी है, जिसे हमें नीति, न्याय और सिद्धांतों के लिए स्वीकारना होगा।''

यह सत्य है कि ब्रिटिश सरकार युवा क्रांति के इस बौद्धिक रूप से बिल्कुल दहल और सहम गई थी तथा उसने क्रांतिदल से इन सबका जिम्मेदार केवल सुखदेव को चुना। फैसले में सबसे अधिक शिकंजा सुखदेव पर कसा गया।

अदालत के फैसले में स्पष्ट रूप से पृष्ठ संख्या 134 पर लिखा गया कि यह वक्तव्य भारतीय क्रांति के इतिहास में सुखदेव की भूमिका और महानता का स्पष्ट वर्णन करने के लिए काफी है—

''सभी षड्यंत्रों का दिमाग सुखदेव थे और भगत सिंह उनके दाहिने हाथ।''

'सभी षड्यंत्रों' का तात्पर्य अदालत ने पंजाब की क्रांति में जो भी हुआ, उसे सुखदेव के दिमाग की योजना करार दिया। इससे निर्विवाद स्पष्ट होता है कि सुखदेव की भूमिका युवा क्रांति में अग्रगण्य रही।

□

अदालत से क्रांति प्रचार

यद्यपि अदालत ने सुखदेव पर तथ्यों के आधार पर जो आरोप लगाए थे, सत्य थे, लेकिन साथ ही इससे युवा क्रांति में सुखदेव की अग्रणी भूमिका स्पष्ट हो जाती है। अदालत ने सांडर्स की हत्या की योजना का मुख्य सूत्रधार सुखदेव को बताया, जिसमें जयगोपाल की गवाही ने पुष्टि की कि गोलियाँ भले ही भगत सिंह और राजगुरु ने चलाईं, लेकिन उनका लक्ष्य और योजना सुखदेव द्वारा निर्धारित की गई थी। फणींद्रनाथ घोष ने बताया कि बम निर्माण संबंधी जो भी कार्य थे, उन सबका संचालन सुखदेव ने किया। यहाँ तक कि असेंबली बम विस्फोट के लिए योजना और उद्देश्य भी सुखदेव ने ही बनाए। अदालत ने सुखदेव को पंजाब में हुई सभी क्रांतिकारी गतिविधियों का जिम्मेदार ठहराया। इन सभी आरोपों एवं फैसलों ने यह सिद्ध कर दिया था कि सुखदेव के विलक्षण दिमाग ने ब्रिटिश सरकार को हिलाकर रख दिया था। एक सच्चे क्रांतिकारी के रूप में उन्होंने जो भी किया, उसे वे बिना किसी गवाह या बिना किसी साक्ष्य के भी स्वीकार करने को तैयार थे।

फाँसी का नाम सुनकर अच्छे-अच्छों का हृदय काँपने लगता है, लेकिन सुखदेव तो क्रांति में कदम रखते ही इसी लक्ष्य को लेकर अपनी कार्यविधि स्पष्ट कर चुके थे। वे कैसे दीवाने थे कि उन्हें वतन की राह में अपनी आहुति देने से कम कुछ भी स्वीकार नहीं था। उन्होंने अपने में कोई दलील नहीं दी और न ही किसी गवाह को झूठा सिद्ध करने का प्रयास किया। कभी किसी आरोप से चाहे वह सच्चा हो या झूठा, उससे मुकरने तक की कोशिश नहीं की।

यद्यपि भगत सिंह कुछ मायनों में सुखदेव से भी अधिक सशक्त और दृढ़ दिखाई दिए, लेकिन इस वास्तविकता से भी मुँह नहीं मोड़ा जा सकता कि उन्होंने भी यह

अदा सुखदेव के ही सान्निध्य में विकसित की थी। इस संबंध में 'वीर प्रताप' के संपादक स्वर्गीय वीरेंद्र ने लिखा है—

"सन् 1928 से 1931 तक पंजाब में जो क्रांतिकारी आंदोलन चला, सुखदेव उसकी आत्मा थे। भगत सिंह का नाम बहुत चमका तो इसमें कोई संदेह नहीं, लेकिन इसका कारण उनकी मुखर वाणी थी और वे दल के उद्देश्यों को प्रभावी ढंग से पेश करने में सक्षम थे। सुखदेव अंतर्मुखी थे और यह बात भली-भाँति जानते थे कि उनकी योजनाओं और विचारों को वाणी देकर क्रांति-मंच पर लाने का सफल कार्य केवल भगत सिंह कर सकते थे। दोनों ही एक-दूसरे की क्षमताओं से परिचित थे और दोनों ने परस्पर सहयोग से इन क्षमताओं का भरपूर प्रयोग किया। यही कारण था कि पंजाब क्रांति सफल रही।"

सफाई और बचाव के उदासीन विचार सुखदेव एवं भगत सिंह की साझा पूँजी थे तथा वे इस संबंध में घंटों विचार-विमर्श करते थे। क्रांति युद्ध में दोनों ने लगभग एक साथ पदार्पण किया और नेशनल कॉलेज में साम्यवादी विचारों की यह जोड़ी विश्वक्रांति साहित्य की साझा मननशील जोड़ी बनी तो यह निर्विवाद सिद्ध होता है कि दोनों पर एक-दूसरे के विचारों का प्रभाव रहा था। यह अलग बात है कि इन साझा विचारों को गूँथने का कार्य सुखदेव ने किया और इन्हें वाणी भगत सिंह ने दी। महान् क्रांतिकारी हरिकिशन को मृत्युदंड मिलने पर भगत सिंह ने सफाई और बचाव की व्याख्या करते दो पत्र लिखे। पहला पत्र तो किन्हीं कारणों से सामने नहीं आ सका, लेकिन दूसरे पत्र में भगत सिंह ने इस संबंध में जो लिखा, उसमें सुखदेव और उनके साझा विचारों की झलक स्पष्ट दिखाई देती है। उस पत्र के कुछ अंश इस प्रकार हैं—

"सफाई देने की नीति अधिकांशत: अभियुक्त के विचार पर निर्भर होती है। यदि वह स्वयं ही भयभीत या चिंतातुर नहीं है, बल्कि पहले की तरह ही उत्साह से भरा हुआ है तो उसके उस कार्य, जिसके लिए उसने अपना जीवन भी संकट में डाल दिया, पर विचार करना चाहिए। उसके व्यक्तिगत जीवन पर बाद में विचार होना चाहिए। राजविद्रोहात्मक मामलों में सफाई की सीमा निश्चित होना ही श्रेष्ठ है। हमें अपने उसूल और सिद्धांतों के प्रचार की दृष्टि से सब स्वीकार करना चाहिए तथा इसमें स्वतंत्र भाषण के अधिकार का सफल प्रयोग भी करना चाहिए। हमारे आंदोलन का अहित करनेवाली बातों का प्रबल विरोध करना चाहिए। किसी भी प्रकार जान बचा लेना हमारी नीति नहीं है। यह नीति कांग्रेस या आराम कुरसी पर बैठनेवालों की भले हो, लेकिन हमारे लिए यह दुष्कर और त्याज्य है।"

सुखदेव और भगत सिंह ने मिलकर अदालती मंच को क्रांति के अर्थ, उद्देश्य और आवश्यकताओं का प्रचार माध्यम बनाया था, जिससे वे क्रांति के मूल कारणों की विवेचना भारतीय जनमानस और विश्व समुदाय के सामने कर सके। इस विषय पर उन दोनों ने महीनों विचार-विमर्श किया और गहन चिंतन-मनन भी किया। विश्वक्रांति साहित्य का ऐसा कौन सा ग्रंथ नहीं था, जो दोनों ने नहीं पढ़ा। ऐसे सब शास्त्र जो समाज की समानता का समर्थन करते थे, दोनों ने कई-कई बार पढ़े। यदि वे केवल शस्त्र लेकर ही परिवर्तन की इच्छा रखते तो उनके छात्रजीवन में समाज, धर्म, राजनीति और क्रांति से सज्जित साहित्य की बहुलता क्यों होती? स्पष्ट है कि वे गहन मननशील क्रांतिकारी थे। उन्होंने सशस्त्र क्रांति का आगाज किया। यद्यपि इसकी शुरुआत तो बहुत पहले ही हो गई थी, लेकिन नई दिशा उन्होंने ही दी।

कांग्रेस और युवा क्रांति ने सन् 1857 के स्वतंत्रता संग्राम से ही प्रेरणा ली थी। अंतर था तो केवल इतना कि कांग्रेस ने उदारवादी आंदोलन की आवश्यकता पर बल दिया, क्योंकि सन् 1857 का सशस्त्र आंदोलन कुचला गया और असफल करार दिया गया। उदारवादियों ने अहिंसा के मार्ग से 'अंगुलिमाल' का हृदय परिवर्तन करने का बीड़ा उठाया, लेकिन वे यह भूल गए कि ब्रिटिश सरकार 'अंगुलिमाल' की भाँति भारतीय मिट्टी में पैदा नहीं हुई थी, जहाँ सहिष्णुता और दयालुता जन्मजात गुण हैं तथा जो सुषुप्त हो सकते हैं, नष्ट नहीं हो सकते। महात्मा बुद्ध ने उन गुणों को जाग्रत् किया था, उत्पन्न नहीं किया था। उदारवादी एक ऐसे साम्राज्य के हृदय में दया और न्याय उत्पन्न करने की असफल कोशिशें कर रहे थे, जो विश्वभर में साम्राज्यवाद का प्रबल समर्थक था और जिसने अमरीका जैसे देश को भी अपने अधीन रखा था तथा शोषण करना ही उसकी मानसिकता बन गया था।

क्रांतिकारियों ने इस संबंध में गहन अध्ययन किया और सन् 1857 के संग्राम की परिपाटी को आगे बढ़ाने का संकल्प किया। उन्होंने देखा था कि सन् 1857 की क्रांति में एकजुटता का अभाव तो था ही, साथ ही उसमें नितांत युद्ध आधारित नीतियों का प्रयोग किया गया था, जो अप्रभावी रहीं। क्रांतिदलों ने विशेषकर बंगाल में इस दिशा में अधिक कार्य किए और क्रांति को राजनीति से जोड़ा गया, फिर इसी का संशोधित रूप पंजाब क्रांति में परिलक्षित हुआ। पंजाब क्रांति से सुखदेव और भगत सिंह जैसे महान् क्रांतिकारी जुड़े, जिन्होंने क्रांति को समाजवाद से जोड़कर एक नई और अभूतपूर्व क्रांति का प्रतिपादन किया। उन्होंने सरकार की अनीतियों और अन्यायों पर उससे प्रश्न नहीं पूछे, बल्कि ऐसे हालात बनाए कि सरकार का असली चेहरा दुनिया के सामने आ गया। उन्होंने अपनी गिरफ्तारी दी। क्रांति के इस

मूल रूप को 'मारो और भागो' को बदलकर 'मारो और क्यों मारा बताओ' में बदला तो यह एक उच्चकोटि का विचार ही कहा जाएगा।

जब बटुकेश्वर दत्त और भगत सिंह ने असेंबली बमकांड में अपनी गिरफ्तारी देकर अदालत के मंच से क्रांति के उद्देश्यों और आदर्शों का प्रचार किया तो यह विषय विश्व समुदाय के लिए चर्चा और अध्ययन का विषय बन गया। भगत सिंह ने जिस प्रकार क्रांति की पैरवी (अपनी नहीं) की थी, वह भारतीय न्याय के इतिहास में एक लोमहर्षक अध्याय है। इस संबंध में 8 जून, 1930 को सेशन जज के सामने भगत सिंह ने जो कहा, वह सुखदेव के साथ उनके साझा विचारों का जोड़ ही है—

हमारे ऊपर भीषण अभियोग लगाया गया है। अत: उसकी सफाई में हम यह कहना चाहते हैं—

(1) प्रश्न उठता है कि क्या वास्तव में असेंबली में बम फेंके गए? यदि हाँ तो क्यों?

(2) निचली अदालत में हम पर लगाए गए आरोप सही हैं या गलत?

यहाँ क्रांति के आदर्शों को प्रचार करते भगत सिंह के बयानों के कुछ अंश उद्धृत किए जा रहे हैं, जिसका वर्णन इस प्रकार है—

निरंकुश व्यवस्था के विरुद्ध

हम नम्रतापूर्वक अपने देश के इतिहास और वातावरण के साथ यहाँ के अन्य मानवीय आकांक्षाओं के मननशील विद्यार्थी होने का दावा कर सकते हैं, जिन्हें सभी तरह के पाखंडों और छलों से अधिक घृणा है।

हमने असेंबली में बम किसी निजी स्वार्थ या शत्रुता की भावना से नहीं फेंका। हमारा उद्देश्य केवल उस कुशासन-व्यवस्था के विरुद्ध प्रतिवाद प्रकट करना था, जिसके हर काम से उसकी अयोग्यता, दुष्टता और निरंकुशता प्रकट होती रही है। इसके द्वारा हम सरकार की इसी निरंकुशता और अयोग्यता की पोल खोलने के इच्छुक हैं तथा संसार को दिखाना चाहते हैं कि आज भारत कितनी दयनीय स्थिति में है।

क्रांति का अर्थ—क्रांति का अर्थ केवल खूनी लड़ाई या व्यक्तिगत शत्रुता नहीं है। न ही बम या पिस्तौल का प्रयोग क्रांति है। क्रांति से हमारा अभिप्राय उस अन्याय का समूल नाश है, जिसकी भित्ति पर वर्तमान शासन-प्रणाली का निर्माण हुआ है। किसान और श्रमिक समाज का प्रमुख हिस्सा होते हुए भी अपने प्राथमिक अधिकारों

से वंचित हैं। उनके परिश्रम का फल पूँजीपति केवल चख ही नहीं रहे, बल्कि खा रहे हैं। सबको गन्ना देनेवाला किसान आज अन्न के दाने-दाने को मोहताज है। पूँजीपति समाज जोंक की तरह इस श्रमिक और निर्धन वर्ग का खून चूस रहा है। इन सब विषमताओं को दूर करने के लिए क्रांतिकारी परिवर्तन की आवश्यकता है। जो इस आवश्यकता को महसूस करते हों, उनका कर्तव्य है कि वे साम्यवाद के सिद्धांतों का पालन करते हुए समाज के पुनर्निर्माण में भागीदारी करें। जब तक साम्राज्यशाही का अंत नहीं होगा, तब तक मानवता को उन क्लेशों और कष्टों से मुक्ति संभव नहीं है, जिन्हें वह विवश होकर भुगत रही है।

भगत सिंह ने अपने बयानों में क्रांति का जो भव्य स्वरूप वर्णित किया, उसमें उनकी ये चंद पंक्तियाँ अविस्मरणीय हैं—

"क्रांति मानव-जाति का वह अधिकार है, जिसे कोई भी नहीं ठुकरा सकता। स्वतंत्रता प्रत्येक मानव का जन्मसिद्ध अधिकार है। श्रमिक ही समाज का वास्तविक पोषक है और जनता का राज्य ही इनका लक्ष्य है। अब इस आदर्श और विश्वास के लिए हमें जो भी दंड मिले, हम उसका सहर्ष स्वागत करते हैं। क्रांति की इस पूजा-वेदी पर हम अपना यौवन नैवेद्य के रूप में लाए हैं। इस पवित्र और महान् कार्य के लिए बड़े-से-बड़ा त्याग भी तुच्छ है। हमें क्रांति के आगमन की उत्सुकता से प्रतिक्षा करने में ही परम संतोष है। इंकलाब जिंदाबाद!"

भगत सिंह ने जो भी कहा, वह क्रांति के आदर्शों के प्रचार में कहा। इससे पता चलता है कि वे कितने महान् क्रांतिकारी थे। सुखदेव और भगत सिंह जब क्रांति से जुड़े तो उस समय तक सरकार के कुप्रचार, उदारवादियों के विरोध और जनता के भय ने क्रांतिकारियों को लुटेरे तथा डाकुओं की संज्ञा दी हुई थी, जिन्हें समाज में घृणित दृष्टि से देखा गया एवं उन्हें कहीं से भी उचित सहयोग नहीं मिला। दोनों ने इस स्थिति को समझा। उन्होंने सरकार के कुप्रचार की पोल खोलने और जनमानस को क्रांति से जोड़ने के लिए उदारवादियों के विरोध की परवाह न करते हुए ऐसी योजना बनाई जो अंतत: सफल भी हुई।

जब यह फैसला जनता ने सुना तो ऐसी प्रतिक्रिया हुई, जिसने सरकार को सहमा दिया। शहर में धारा 144 लागू कर दी गई। इतने पर भी जनता ने एक विशाल सभा का रूप धारण कर लिया, जिसमें सरकार के इस फैसले की घोर निंदा की गई। समाचार-पत्र इन क्रांतिकारियों के चित्रों, बयानों और विचारों से रँगे पड़े थे। 8 अक्तूबर को देशभर के युवा सड़कों पर उतर आए थे। लाहौर में छात्रसंघ के नेतृत्व में सारे शहर में हड़ताल घोषित कर दी गई। कितनी ही गिरफ्तारियाँ भी हुईं, जिनमें

दो दर्जन के लगभग तो नवयुवतियाँ थीं। डी.ए.वी. कॉलेज में तो पुलिस को लाठीचार्ज करना पड़ा। ब्रैडला हाउस में छात्रसंघ ने युवा सभा का आयोजन किया, जिसमें युवाओं को उन महान् क्रांतिकारियों के त्याग से प्रेरणा देनेवाले व्याख्यान हुए। देश के विभिन्न शहरों में जनता ने सभाएँ कीं। क्या इससे स्पष्ट नहीं था कि सुखदेव और भगत सिंह ने अपने अथक प्रयासों और महान् त्याग से क्रांति की दिशा एवं दशा दोनों ही बदल दी थी। क्रांति ने समाजवाद से जुड़कर दिखा दिया था, जिसे उदारवादियों ने असंभव और कोरी कल्पना करार दिया था।

केवल इतना ही नहीं, जब सुखदेव और भगत सिंह जेल में थे तथा इनकी चर्चा विश्वभर में हो रही थी तो देश के महान् और बड़े नेता इनसे मिलने जेल में गए थे एवं इनके उत्साह को बढ़ाया था। इनमें सुभाषचंद्र बोस, गुरुदत्त, के.एफ. नरीमन, आर.ए.किदवई, मोतीलाल नेहरू, जवाहरलाल नेहरू और गणेश शंकर विद्यार्थी इत्यादि थे। अत: एक प्रकार से यह क्रांति की भव्य जीत ही थी, जो जब अपने आदर्शों की आभा से चमकी तो सबको अपनी ओर आकर्षित किया।

ये सुखदेव ही थे, जिन्होंने इस परिकल्पना का प्रतिपादन किया और वे भगत सिंह थे, जिन्होंने इसे सफलतापूर्वक स्थापित किया।

□

लक्ष्य की प्राप्ति

अदालत में फाँसी की तिथि 27 अक्तूबर निश्चित कर दी गई। जब यह सूचना सुखदेव के घर पहुँची तो माँ रल्ली देई को गहरा आघात लगा। इस सूचना से पूरा घर-परिवार दहल गया। परिवार में मातम की सी स्थिति हो गई। ऐसे में लाला चिंताराम को ही सब सँभालना था। उन्होंने परिवारजनों को धीरज बँधाया।

"सुखदेव की माँ! धैर्य रखो। अभी सजा सुनाई ही तो गई है। देख लेना यह सजा बदल जाएगी। आज सारा देश सुखदेव और भगत के समर्थन में उठ खड़ा हुआ है। ऐसे में सरकार यह कृत्य करने का साहस नहीं कर सकती। यह सजा अवश्य ही बदल जाएगी। मैं आज वकीलों से मिलकर इस संबंध में बातचीत करता हूँ।" लाला चिंताराम ने कहा।

लाला चिंताराम जानते थे कि यह निरी तसल्ली है, लेकिन इसके सिवा और कोई चारा भी तो नहीं था। उन्हें पता था कि निरंकुश साम्राज्यशाही में वकील, अपील और दलील का कोई स्थान नहीं है। माँ रल्ली देई का विलाप जैसे आसमान को फाड़ रहा था। उस माँ का हृदय तो दुःख से फट जाना ही था, जिसने अपनी जिंदगी को उस इकलौते बेटे के सहारे सुख-दुःख में काट दिया था।

सरकार की निरंकुशता के अंतर्गत अदालत द्वारा सुनाए गए इस फैसले की चारों ओर निंदा हो रही थी। फैसले के आते ही लोग सड़कों पर उतर आए थे और सरकार को कोस रहे थे। लाहौर में डिफेंस कमेटी ने फैसला किया कि इन देशभक्तों के जीवन को बचाने का प्रयास किया जाए और प्रिवी काउंसिल में सजा बदलवाने की अपील की जाए। इसके लिए सुखदेव, भगत सिंह और राजगुरु की सहमति आवश्यक थी। डिफेंस कमेटी ने इस संबंध में उनसे मुलाकात की। सुखदेव ने उनकी दलीलें सुनीं, लेकिन वे जानते थे कि अब इस सजा में कोई फेरबदल न तो

संभव था और न इसकी आवश्यकता थी।

भगत सिंह ने तो पहले ही कह दिया था कि नवयुवक समाज अपनी स्वाभाविक जड़ता को दूर फेंककर देश सेवा के पवित्र अनुष्ठान में तब तक आगे नहीं बढ़ सकता, जब तक उसे फाँसी की टिकटी पर खड़े होकर नहीं ललकारा जाएगा।

कहने का तात्पर्य यह है कि उन्हें उनकी इच्छानुसार सजा मिली थी और वे इसमें किसी प्रकार की दया के आकांक्षी नहीं थे। सुखदेव ने यहाँ भी अपनी विलक्षण बुद्धि का प्रयोग किया और प्रिवी काउंसिल में अपील करने की अनुमति दे दी। डिफेंस कमेटी ने यही किया।

सुखदेव ने भगत सिंह से विचार-विमर्श में बताया कि उन्होंने प्राणदान की इच्छा से नहीं, बल्कि परिस्थितियों का लाभ लेने के लिए ही अपील की सहमति दी है। यह तो निश्चित था कि प्रिवी काउंसिल कुछ नहीं करनेवाली, लेकिन इससे देश की जनता सरकार का एक और उतरा मुखौटा देख सकेगी। जिस प्रकार से जनता उनके समर्थन में उतरी उससे स्पष्ट है कि सरकार को कड़े विरोध का सामना करना पड़ेगा, लेकिन फिर भी वह अपने निर्णय से नहीं हटेगी। यह एक ऐसा मंच होगा, जिस पर सरकार का असली रूप सामने आएगा।

प्रिवी काउंसिल में यह अपील दाखिल की गई, जिस कारण 27 अक्तूबर को फाँसी नहीं दी गई। प्रिवी काउंसिल ने यह अपील रद्द कर दी।

इसके तत्काल बाद लाला चिंताराम ने विधि-विशेषज्ञों की राय पर एक मुकदमा भी दायर किया, जो लाला चिंताराम बनाम किंग था। इसमें लालाजी ने कानूनी मुद्दा उठाया था कि 27 अक्तूबर बीत जाने के बाद, जबकि मृत्युदंड की निश्चित तिथि निकल गई है तो ऐसी कौन सी शक्ति है, जो अभियुक्तों को फाँसी दे सकती है? ट्रिब्यूनल जिसने सजा दी वह भी तोड़ा जा चुका है तो फिर ऐसी स्थिति में सजा क्यों?

अन्याय पर तुली सरकार ने यह अपील भी रद्द कर दी। यद्यपि इस अपील के रद्दीकरण में स्थानीय पंजाब सरकार की शक्ति का उल्लेख किया गया था, जो इस मृत्युदंड को एस-402 फौजदारी पी.सी. नियम के अनुसार निर्वासन या आजीवन कारावास में बदल सकती थी, लेकिन स्थानीय सरकार तो आरंभ से ही इन क्रांतिकारियों की प्रबल शत्रु थी। अत: वहाँ से भी कोई सकारात्मक लाभ न मिला।

इन क्रांतिकारियों से कांग्रेस के कुछ युवा नेता भी प्रभावित हुए तो कांग्रेस ने भी छिटपुट प्रयास किए, लेकिन इनमें कोई भी विशेष उल्लिखित प्रयास नहीं था। यहाँ

तक कि गांधी इरविन समझौते के दौरान भी गांधीजी ने इस संबंध में इरविन से बात की, जो आई-गई हो गई। उस समय इरविन गांधीजी की बात को टालने की स्थिति में नहीं था और समझौते की एक शर्त यह भी हो सकती थी।

गृह-विभाग, राजनैतिक शाखा की फाइल संख्या 5-45/1931 डब्ल्यू-2 में दर्ज यह टिप्पणी सब कुछ स्पष्ट करती है—

"दिल्ली में जो समझौता हुआ, उससे अलग और आखिर में मिस्टर गांधी ने भगत सिंह का उल्लेख किया, उन्होंने फाँसी की सजा रद्द करने के लिए कोई पैरवी नहीं की, लेकिन साथ ही वर्तमान परिस्थितियों में फाँसी को स्थगित करने के विषय में भी कुछ नहीं कहा।"

इससे पता चलता है कि समर्थ होते हुए भी गांधीजी ने इन वीर क्रांतिकारियों की सजा रद्द कराने या कम कराने का कोई विशेष प्रयास नहीं किया। संभवतः इसका कारण अहिंसा आंदोलन और सरकार के बीच कोई द्विपक्षीय नियम हो!

जिस दिन गांधी इरविन समझौता हो रहा था तो राष्ट्रीय कांग्रेस कार्यकारिणी की बैठक में यह अपील डिफेंस कमेटी ने रखी थी कि जब तक फाँसी की सजाएँ नहीं टाली जातीं, तब तक कोई समझौता न हो। कांग्रेस का रवैया इस मामले में असहयोगात्मक ही रहा। कराची अधिवेशन में इन शहीदों के लिए जो शोक प्रस्ताव पारित हुआ, उसे पढ़कर स्पष्ट हो जाता है कि कांग्रेस किस प्रकार स्वयं को क्रांतिकारियों से पृथक करती थी—

"प्रत्येक प्रकार की राजनीतिक हिंसा से अपने आपको निर्लिप्त रखते हुए और उनका विरोध करते हुए यह कांग्रेस सरकार भगत सिंह, सुखदेव और राजगुरु की वीरता तथा उनके जीवननाश पर उनके दुःखी परिवारों के साथ स्वयं भी शोक का अनुभव करती है।"

देशभर की जनता एक स्वर में फाँसी रद्द करने का समर्थन कर रही थी। देश के कई शीर्ष नेता इस माँग में शामिल थे। 14 फरवरी, 1931 को पंडित मदनमोहन मालवीय ने एक तार भेजकर वायसराय से अपील की। यही नहीं, देश भर की अनेक संस्थाओं ने वायसराय और कांग्रेस अध्यक्ष को तार भेजकर देश के उन तीन महान् देशभक्तों के प्राणदान की अपील की। हस्ताक्षर-पर-हस्ताक्षर किए जा रहे थे। फिर भी कहीं से कोई आशा की कोई किरण नहीं दिखाई दे रही थी।

17 फरवरी को असेंबली में भी यह प्रश्न उठा, जिस पर सरकार घिरी हुई दिखाई दी, लेकिन कुछ सुनवाई नहीं हुई। असेंबली में सर जॉर्ज रैनी का कठोर

वक्तव्य दोहराया गया कि हिंसात्मक क्रांति के अभियुक्तों के साथ सरकार कोई भी समझौता करने के लिए तैयार नहीं होगी।

21 फरवरी को लाहौर के वकीलों ने भारतमंत्री को एक नोटिस भी दिया, जो पंजाब सरकार के गृह-सचिव, लाहौर के कलेक्टर और जेल सुपरिंटेंडेंट के माध्यम से भेजा गया था। इस नोटिस में चेतावनी दी गई थी कि यदि अवैधानिक ढंग से अभियुक्तों को फाँसी दी गई तो भारतमंत्री के विरुद्ध मुकदमा चलाया जाएगा। ब्रिटिश सरकार तो गूँगी-बहरी बनकर अपना कार्य कर रही थी। संभवतः उसे देश में जो जनाक्रोश दिखाई दिया, उसे किसी तरह दबाने की योजना उसके पास नहीं थी। तभी तो वह पाशविकता की सारी हदें पार कर गई।

इन सबके विपरीत सुखदेव, भगत सिंह और राजगुरु अपने उसी अंदाज में थे। उनके नेत्रों में किसी भी प्रकार का कोई भय नहीं था। देशभर में असंतोष की जो भावना जाग्रत् हुई थी और जिस प्रकार सरकार को प्रबल जनविरोध का सामना करना पड़ रहा था, वह उन महान् क्रांतिकारियों का पुरस्कार था।

19 मार्च, 1931 का दिन था। जेल में सुखदेव, भगत सिंह और राजगुरु आपस में बातचीत कर रहे थे कि अब सरकार आजिज आ चुकी है तथा व्यापक जनसमर्थन ने सरकार की नींद उड़ा दी है। सब कुछ उनकी इच्छानुसार ही हुआ था और आज क्रांति केवल सिर पर कफन बाँधे दीवानों से ही परिभाषित नहीं हो रही थी, बल्कि यह एक व्यापक जनांदोलन में बदल गई थी। ऐसे में सरकार कभी भी उनकी जीवनलीला को समाप्त कर सकती थी। सभी अपीलें रद्द हो गई थीं और क्रांति ने अपना लक्ष्य भी प्राप्त कर लिया था। समाचार-पत्र भविष्य की ओर देखने की चेतावनी दे रहे थे। ऐसे में सुखदेव ने विचार किया कि कुछ ऐसा करना चाहिए, जिससे सरकार और भी बौखला जाए। उनका यह विचार सबको पसंद आया और उन्होंने पंजाब के गवर्नर के नाम एक पत्र लिख दिया, जिसमें लिखा था—

"हम सरकार को सूचित करना चाहते हैं कि लड़ाई छिड़ चुकी है और अब यह तब तक चलती रहेगी, जब तक मुट्ठी भर आतताई देश के श्रमिक और समाज की मेहनत पर स्वार्थ-सिद्धि के अधिकार जमाए रहेंगे।

इन स्वार्थ साधकों में अंग्रेज पूँजीपति और हिंदुस्तानी पूँजीपति जो परस्पर मिलकर इस लूट को जारी रखे हुए हों या शुद्ध भारतीय पूँजी से ही गरीबों का खून चूसा जा रहा हो, इनसे अब कोई फर्क नहीं पड़ता। अब अंतिम युद्ध छिड़ेगा और उसमें फैसला भी हो जाएगा कि साम्राज्यवाद तथा पूँजीवाद विनाश के कगार पर हैं। यही वह लड़ाई है, जो हमने लड़ी है।

यह लड़ाई न हमसे शुरू हुई है और न ही हमारे बाद समाप्त हो सकेगी। यह तो ऐतिहासिक घटनाओं और वर्तमान समाज के शोषण का परिणाम है। हमारी कुरबानी तो उस इतिहास का अध्याय भर लिखेगी, जो श्रद्धेय यतींद्रनाथ दास और भगवतीचरण जैसे बलिदानों से रचा गया है।

हमारी बात तो केवल यह है कि हमें तो आपने सजा दे ही दी है और इसमें रद्दोबदल की न हमें न आपको कोई आवश्यकता है। आप आज शक्ति के मद में अधिकारों का नाजायज लाभ उठा सकते हैं। फिर भी हमें यही कहना है कि जिसकी लाठी उसकी भैंस के सिद्धांत को आपने भली-भाँति चरितार्थ किया है। इसका प्रमाण हमारे मुकदमे की सुनवाई है।

हम किसी से प्रार्थना या दया की अपील नहीं कर रहे, बल्कि हम यह कहना चाहते हैं कि हम आपके युद्धबंदी हैं और हमारे साथ युद्धबंदियों जैसा ही व्यवहार होना चाहिए। हमें फाँसी न देकर गोलियों से उड़ा दिया जाए। इससे आपकी सरकार द्वारा लगाया गया हर आरोप कार्यरूप से सिद्ध हो जाएगा।

आप अपने सेना विभाग को आदेश दें और अपना एक सैनिक दस्ता भेजकर हमें गोलियों से उड़वा दें। आशा है कि आप हमारी यह बात अवश्य स्वीकार करेंगे। इसके लिए हमारी ओर से अग्रिम धन्यवाद!''

20 मार्च, 1931 को यह पत्र समाचार-पत्रों में प्रकाशित हुआ, जिससे भारतीय जनमानस का आक्रोश और भी बढ़ गया। युवाओं का रक्त खौल उठा। इससे सरकार सकते में आ गई। चारों ओर से सरकार दबाव में घिरी हुई नजर आ रही थी।

अंततः इस चौतरफा दबाव ने सरकार को विवश कर दिया कि वह जितनी जल्दी हो सके, इन खतरनाक होते जा रहे क्रांतिकारियों से छुटकारा पा ले। सरकार ने अपने लिए राहत का दिन 23 मार्च, 1931 को चुना। उसने यह घोषणा कर दी कि लाहौर षड्यंत्र केस के मुख्य अभियुक्तों सुखदेव, भगत सिंह और राजगुरु को 23 मार्च को फाँसी दी जाएगी।

इस खबर से सारे देश में जैसे भूचाल सा आ गया था। चारों ओर से विरोधी नारे गूँज रहे थे, जिससे सरकार दबाव में आ गई थी, लेकिन यह तो निश्चित था कि वह अपने क्रूर फैसले पर अटल थी।

परिजनों ने सुना तो उनमें करुण क्रंदन शुरू हो गया। सुखदेव, भगत सिंह और राजगुरु के घरवाले 23 मार्च, 1931 की सुबह ही अपने लाडलों को अंतिम विदाई देने पहुँच गए। सुखदेव के पिता समान ताऊजी चिंताराम के मुख पर तरह-तरह के भाव आ रहे थे, लेकिन फिर भी वे अपने आपको संयत रखने का प्रयास कर रहे थे।

यहाँ तक कि चिंताराम स्वयं को दोष दे रहे थे कि यदि उन्होंने सुखदेव को बचपन से देशभक्ति का पाठ न पढ़ाया होता तो वह आज फाँसी के फँदे पर न चढ़ रहा होता। माता रल्ली देई आज संभवत: स्वयं को समझा चुकी थीं और उन्होंने दृढ़ता से स्वयं को सँभाला हुआ था। मथुरादास भी साथ में थे और उनके चेहरे पर भी उदासी साफ झलक रही थी।

भगत सिंह के परिजन आए हुए थे। सबके चेहरों पर गंभीरता तो अवश्य थी, लेकिन गौरवान्वित करनेवाले भाव भी थे।

राजगुरु की माता विधवा थीं और राजगुरु भी अपने चाचा के संरक्षण में पले-बढ़े थे। वे सब भी अपार दु:ख में डूबे हुए थे। सभी ने अपने लाडलों से मिलने की अरजी लगाई थी। वे इसी आशा में टकटकी लगाए जेल के दरवाजे की ओर देख रहे थे कि संतरी उन्हें अब आवाज देगा और भीतर बुला लेगा।

कुछ देर बाद भीतर से जेल के अधिकारी स्वयं आए और सरकार का घोर अमानवीय आदेश पढ़कर सुनाया—

"अभियुक्तों से केवल उनके माता-पिता और सगे भाई-बहन ही मिल सकते हैं।"

यह तो घोर वज्रपात था। एक घोर अमानवीय आदेश था। सुखदेव के ताऊजी, भगत सिंह के चाचा-ताऊ और राजगुरु के चाचा-ताऊ क्या उनसे उनका कोई रक्त संबंध नहीं था, लेकिन मानवता से कोरी ब्रिटिश सरकार संबंधों की कद्र क्या जानती? जिस देश में संबंध केवल तोड़े जाते रहे हों, उस देश के तानाशाह ही तो थे ब्रिटिश सरकार के अधिकारी!

सभी परिजनों ने इस आदेश के विरोध में वायसराय, गवर्नर और होम मेंबर को तार भेजे, लेकिन कहीं से कोई लाभ नहीं मिला। सबने बहुत प्रयास किए, लेकिन कहीं कोई सुनवाई नहीं हुई। ऐसी हृदयहीनता की मिसाल संभवत: दूसरी न हो। मुलाकात का समय निकला जा रहा था।

"सुखदेव की माँ! तुम ही मिल लो। इस निर्दयी सरकार को हमारी भावनाओं से क्या लेना।" चिंताराम दु:खी स्वर में बोले, "जाओ, मिल आओ।"

"नहीं, मैं नहीं मिलूँगी सुखदेव से।" रल्ली देई ने दृढ़ता से कहा, "जब उससे मिलने उसके ताऊ नहीं जा सकते तो मैं भी नहीं जाऊँगी।"

"ऐसा मत कहो सुखदेव की माँ! जाकर उसे बता देना कि सरकारी आदेश की विवशता के चलते हम उससे नहीं मिल सकते।"

"नहीं, जब मेरा बेटा इस निर्दयी सरकार के ऐसे ही आदेशों का घोर विरोध करके फाँसी से नहीं डरा तो मैं भी इस आदेश के विरोध में अपने लाल की शहादत पर गर्व से मर जाऊँगी।"

रल्ली देई ने भारतीय नारी होने का प्रमाण दे दिया था। सबने बहुत प्रयास किए, लेकिन वे अपने निर्णय से नहीं हटीं।

"मथुरा! तू ही चला जा।" चिंताराम रोते हुए बोले।

"ताऊजी! मुझे कौन मिलने देगा।"

राजगुरु और भगत सिंह के परिजनों के साथ भी यही हुआ। मुलाकात का समय बीत गया। परिजन अपने हृदय में यह अपार दुःख लिये वहीं बैठे रोते रहे, लेकिन किसी को भी उन पर रहम न आया।

उस दिन सभ्य, शिक्षित और न्यायप्रिय कही जानेवाली ब्रिटिश सरकार का यह सबसे घिनौना रूप था। अमानवीयता की सभी सीमाओं को लाँघकर उस निरंकुश तानाशाह सरकार ने स्पष्ट कर दिया था कि उसके हृदय में मानवता के लिए कहीं कोई स्थान नहीं है।

□

खुश रहो अहलेवतन

जेल के अंदर का दृश्य जैसे आज क्रांति के रंगों से दिपदिपा रहा था। 23 मार्च की सुबह भारत के लिए दुर्भाग्य का दिन था, लेकिन आजादी के दीवानों के लिए यह सुबह बहुप्रतीक्षित मधुमास था। आज भी तीनों रोजाना की तरह अधिक प्रसन्न थे। उनके तेजस्वी मुखमंडलों पर मृत्यु के भय का किंचित् लक्षण भी न था। सारा दिन उन्होंने राष्ट्रीय गीत गाए और अपनी अलमस्ती से जेल की दरोदीवार को गुंजाकर रख दिया।

प्राणों की वह उत्सर्ग बेला उनके लिए जैसे नवीन संदेश लेकर आई थी। दोपहर ढलते ही सभी कैदियों को उनकी बैरकों में बंद किया जाने लगा तो स्पष्ट हो गया कि वह घड़ी भी अब निकट आ गई है। तीनों अपनी कोठरी में बैठे-बैठे देश-प्रेम के गीत गुनगुना रहे थे। चीफ वार्डन भी हैरान था कि आखिर वे लोग किस मिट्टी से बने हैं, जिन्हें मौत का डर छू तक न गया था।

जब उन्हें कोठरियों से बाहर निकाला गया तो वे एक-दूसरे को देखकर मुसकराने लगे। वे बड़े आनंदित भाव से एक-दूसरे से गले मिले। तीनों की ही आँखों में देश की आन-बान-शान पर मिट जाने वाले गौरव का प्रकाश था।

मुख्य जेलर खान बहादुर मुहम्मद अकबर बड़ी व्यग्रता से उन तीनों नौजवानों को देख रहा था, जो अब कभी उसे अपनी जेल में नहीं दिखनेवाले थे और जिनकी स्मृतियाँ अब कभी नहीं मिटनेवाली थीं।

आज इतिहास एक महान् गौरवपूर्ण समय को अपने नेत्रों में समेटने को बेताब था। भगत सिंह बीच में राजगुरु दाएँ और सुखदेव बाएँ एक-दूसरे की भुजाओं में भुजाएँ डाले आगे बढ़े। यह एक अविस्मरणीय एवं अद्भुत दृश्य था, जिसे देखने के लिए संभवत: देवतागण भी पृथ्वी की ओर टकटकी लगाए हों। वीर सरदार भगत

सिंह के कंठ से अनायास ही गीतमान होने लगा—

"दिल से निकलेगी न मरकर भी वतन की उल्फत।
मेरी मिट्टी से भी खुशबू-ए-वतन आएगी॥"

सुखदेव और राजगुरु ने भी भगत सिंह का इस गीतगान में साथ दिया। आजादी का यह तराना फिजा को महकाने लगा। भारतमाता के ये लाडले अपनी ही धुन में गाते जा रहे थे। जबकि जेल के अधिकारी और पुलिस अधिकारी हैरानी से एक-दूसरे को देख रहे थे, जैसे कह रहे हों कि क्या मौत इतनी खूबसूरत और दिलकश होती है कि ये दीवाने उससे इस प्रकार मिलने जा रहे हैं, जैसे वह उनकी प्रेयसी है।

तीनों क्रांतिकारी फाँसीघर तक आ गए और मजबूत कदमों से उस चबूतरे पर चढ़ गए, जिस पर फाँसी के फँदे उनकी प्रतीक्षा कर रहे थे। वे फाँसीदार रस्सियाँ हवा के झोंकों से शायद अपने भाग्य पर इतरा रही थीं कि आज उन्हें वीर सपूतों के शरीर का स्पर्श मिलेगा, जिनके नाम आज सारा देश रोमांचित हो रहा था। ऐसा भी लगता था कि जैसे इधर-उधर झूलकर वे रस्सियाँ मौन भाषा में कह रही हों कि नहीं, हमसे यह अनर्थ नहीं होगा। हम इन यौवन से भरे पुष्पों की गरदन को अपने फँदे में लेकर खिलने से पूर्व ही नहीं कुचल सकेंगे।

संभवत: बैरकों में बंद कैदियों को ढलती शाम में घटित होने वाले उस प्रलयकारी दृश्य का भान हो गया और उन्होंने अपनी-अपनी कोठरियों से बड़ा ही गगनभेदी जयघोष किया।

"भगत सिंह जिंदाबाद!"

"सुखदेव जिंदाबाद!!"

"राजगुरु जिंदाबाद!!!"

इन गगनभेदी नारों ने जेल की दीवारों को ही नहीं, बल्कि वहाँ मौजूद सरकार के कारिंदों को भी दहला दिया। जिस बात का भय जानकर उन्होंने इतनी तैयारियाँ की थीं, वे सब धरी-की-धरी रह गई थीं। रही-सही कसर उन तीनों की सिंहगर्जना ने पूरी कर दी।

"डाउन-डाउन विद यूनियन जैक!"

"साम्राज्यवाद मुरदाबाद!!"

"इंकलाब जिंदाबाद!!!"

यद्यपि अधिकारी जानते थे कि ऐसा होगा, लेकिन उनकी विवशता यह थी कि वे कुछ नहीं कर सकते थे। अब तो वे यही चाह रहे थे कि जितनी जल्दी हो सके, यह कार्य समाप्त हो जाए। उन्होंने इसी आशय से मजिस्ट्रेट को देखा और उसे संकेत किया कि वे देर क्यों कर रहे हैं।

मजिस्ट्रेट उन क्रांतिवीरों के अंदाज से विचलित थे कि वे कैसे लोग थे, जो मौत से क्षण भर के फैसले पर खड़े थे, फिर भी अपने हृदय से देश-प्रेम की आग उगल रहे थे।

भगत सिंह ने मजिस्ट्रेट के मनोभावों को ताड़ लिया।

''मजिस्ट्रेट साहब!'' भगत सिंह ने मुसकराते हुए कहा, ''आपका सौभाग्य है कि आप अपनी आँखों से यह दुर्लभ दृश्य देख रहे हैं कि हिंदुस्तानी कैसे अपनी मातृभूमि पर हँसते-हँसते अपने प्राण न्योछावर कर देते हैं।''

मजिस्ट्रेट ने फीकी मुसकराहट के साथ अपनी गरदन हिलाई और जल्लाद को कुछ संकेत किया। जल्लाद ने रस्सी की तरफ हाथ बढ़ाया।

''ठहरो! यह नेक काम भी नेक हाथों से होना चाहिए।'' सुखदेव ने कहा और अपने हाथ बढ़ाकर फाँसी का फँदा चूमा तथा उसे अपने गले में डाल लिया। भगत सिंह और राजगुरु ने भी यही किया। उनके इस दुःसाहस ने मजिस्ट्रेट को चकित कर दिया।

जल्लाद ने आगे बढ़कर भगत सिंह को नकाब पहनाना चाहा।

''इसे रहने दो। यह कमजोर लोगों के लिए है। हमारे संकल्प के सामने तो मृत्यु को भय रहता है। फिर यह नकाब पहनकर हम उस मृत्यु से आँख क्यों चुराएँ जो आज हमारे लिए इस प्रांगण में थिरक रही है।'' भगत सिंह ने कहा।

बैरकों में बंद कैदियों ने सीखचों से देख लिया कि उनके प्रेरक साथी आज मौत की आँखों में आँखें डाल चुके हैं। उन्होंने अपने उन अदम्य साहसी साथियों को अंतिम विदाई के लिए एक गगनभेदी जयघोष किया, जिसने जेल की दीवारों को पार कर अनंत तक यह सूचना दे दी कि आज का दिवस विश्व के इतिहास में सृष्टिपर्यंत याद किया जाएगा।

मजिस्ट्रेट ने अपनी कलाई घड़ी की ओर देखा और तीनों वीरों ने एक-दूसरे की ओर देखकर अंतिम विदाई ली। उनके होंठों पर मुसकान थी और आँखों में गौरव।

शाम के सात बजकर तैंतीस मिनट हो गए थे। मजिस्ट्रेट ने जल्लादों को संकेत किया और उनके हाथ चरखी पर टिके। अगले संकेत पर चरखी घूमी और उन तीनों प्राणों के पाँवों के नीचे से तख्ते सरक गए। तीन यौवन से भरे पुष्प एक साथ माँ भारती के चरणों में अर्पित हो गए।

बैरकों से अब नारे नहीं, बल्कि चीत्कारें गूँज रही थीं। वे दीप तो बुझ गए, जिन्होंने क्रांति की ज्वाला से स्वयं को प्रज्वलित किया था, लेकिन वे अपनी लौ से ऐसे हजारों दीप जला गए थे, जो क्रांति को प्रकाशमान करने में सक्षम थे।

जेल के बाहर अपार जनसमूह सुबह से किसी सूचना की प्रतीक्षा में आँखें फैलाए खड़ा था। शाम भी हो गई थी, लेकिन जेल के निर्मम अधिकारी तो मानो गूँगे

हो गए थे। कोई कुछ भी बताने को तैयार ही नहीं था।

शाम का धुँधलका फैल गया। रात गहराने लगी। तभी जेल में दूध देनेवाला ग्वाला बाहर आया।

"अरे, फाँसी दे दी गई···फाँसी दे दी गई।" ग्वाला चिल्लाया।

जैसे साँप ने फुँफकार मारी और सब स्तब्ध रह गए, फिर क्षण भर में ही करुण क्रंदन का ऐसा ज्वार उठा कि सारी दिशाएँ सिहर उठीं।

इस फाँसी के मामले में अत्याचारी ब्रिटिश सरकार ने हर नियम कानून को ताक पर रख दिया था। उन्हें सुखदेव और भगत सिंह की बौद्धिक शक्ति से इतना भय था कि उनसे जगविदित 'आखिरी इच्छा' के बारे में इस भय से नहीं पूछा गया कि कहीं वे घुमा-फिराकर जीवनदान न माँग लें। संभवत: संसार में आज तक कानून फाँसी का ऐसा कोई प्रमाण नहीं होगा कि शाम को गहराते अंधकार में फाँसी लगे, लेकिन ब्रिटिश सरकार किसी भी तरह का नियम कानून मानने को तैयार ही नहीं थी। उसे तो किसी भी प्रकार भारत में उठे इस क्रांति आंदोलन का दमन करना था, फिर भले ही इसके लिए उन्हें कितना भी अत्याचार करना पड़े। फिर भी इतना तो तय था कि ब्रिटिश सरकार अब पाँवों के नीचे से दरकती जमीन को साफ महसूस कर रही थी और उसे साफ लग रहा था कि अब यदि यही हाल रहा तो वह जाग्रत् हो चुके भारत पर अपनी पकड़ बनाए न रख सकेगी।

शहीदों की सूची में अपना नाम दर्ज करा चुके तीन अमर शहीद तो अपना कर्तव्य निभाकर चले गए थे। जिस अलख को जलाने की आशा में उन्होंने अपने प्राणों की आहुति दे दी थी, वह अलख जाग्रत् हो गई थी और इसका प्रमाण जेल के बाहर देशभर में फैला वह भारतीय जनमानस था, जो क्षण-प्रतिक्षण यह जानने को व्यग्र था कि उन महानायकों का क्या हुआ। ब्रिटिश सरकार ने संभवत: भारतीय जनमानस की आक्रोशित भावना का आकलन करके ही कायदे-कानूनों को ताक पर रखकर फाँसी का ऐसा समय चुना था।

इस सारे प्रकरण में और भी कई ब्रिटिश अमानवीय कृत्यों का समावेश होना शेष था तथा निर्लज्ज सरकार ने उन्हें भी कर दिखाया। जेल के बाहर शवों की प्रतीक्षा में उनके परिजन बैठे विलाप कर रहे थे। सैकड़ों की भीड़ उन वीर शहीदों के अंतिम दर्शनों की इच्छा में अविचल बैठी थी। उस समय जेल अधिकारियों को लग रहा था कि यदि उन्होंने शव सौंपे तो कहीं आक्रोश का बारूद उन पर न फूट पड़े। उन्होंने आला अधिकारियों को अपनी व्यथा समझाई तो एक और अमानवीय आदेश जारी हो गया, जिसने मानवता को शर्मसार कर दिया। आदेश यह आया कि

लाशों को अपने तरीके से इस प्रकार ठिकाने लगा दो कि किसी को कानोंकान खबर न लगे।

कितना सच कहा था सुखदेव ने कि जब क्रांति जनांदोलन बन जाएगी तो ब्रिटिश सरकार इतनी भयभीत हो जाएगी कि वह जो भी करेगी, अपनी स्थापित मानसिकता के अनुसार करेगी और यही किया जा रहा था। सरकार क्षण-प्रतिक्षण अपना दानवी चेहरा दिखा रही थी और उसे यह होश तक न था कि उसकी नीयत की पोल खुलती जा रही थी। यह पाशविकता का भी अतिक्रमण था।

जेल प्रशासन ने शवों को ठिकाने लगाने की योजना बनाई और जल्लादों ने आदेश पाकर उन निष्प्राण शरीरों को छोटे-छोटे टुकड़ों में बाँट दिया। फिर उन्हें बोरों में भरा गया और काफी रात गए जेल के खुफिया रास्तों से बाहर लाकर ट्रकों में लादा गया। उसके बाद पुलिस उन्हें लेकर सतलुज नदी के किनारे फिरोजपुर की सीमा में जा पहुँची। जो थोड़ी-बहुत लकड़ियाँ लाई गई थीं, उनसे ही चिता बनाकर मांस के लोथड़ों को उन पर डाल दिया गया। फिर मिट्टी का तेल छिड़ककर आग लगा दी गई।

देश के लिए मर-मिटनेवाले को धर्म के अनुसार दाह-संस्कार भी नहीं मिलने दिया गया तो यह सरकार की कलुषित, क्रूर और अन्यायी सोच थी। वैसे पुलिसवाले तो निश्चिंत थे, क्योंकि वे लाहौर से बहुत दूर थे, लेकिन अब भी भय के मारे उनके पाँव काँप रहे थे। देश में जैसा जनाक्रोश था, उस लिहाज से वे सोच रहे थे कि यदि जलती लकड़ियाँ देखकर कोई उधर से निकला तो उन पुलिसवालों की जान के लाले पड़ सकते थे। यह सोचकर ही जले-अधजले शवों को नदी में बहा दिया गया और उस जगह को पूरी तरह साफ भी करने का प्रयास किया गया। ब्रिटिश सरकार के कारिंदों ने जिनमें कुछ भारतीय भी थे, अपने सारे कार्यों का समुचित संपादन कर दिया था।

उधर जेल के बाहर शहीदों के परिजन इस आशा में टकटकी लगाए बैठे थे कि कब उन्हें अपने लाडलों के शव सौंपे जाएँगे। अब आँसू तो थम गए थे, लेकिन मातम अपने चरम पर था।

परिजन अभी भी प्रतीक्षा में थे। सवेरा होने को था। जहाँ अमर शहीदों के शव जलाए गए थे, वहीं समीप के गाँववालों को भनक लग गई थी कि वहाँ रात में अवश्य कुछ हुआ है। सारा देश अब तक अंग्रेजों की अमानवीय मानसिकता से परिचित हो चुका था। अत: किसी ने सहज ही अंदाजा लगा लिया था कि वहाँ लाशें जलाई गई थीं। इस संबंध में यह भी सुनने में आया कि कोई ग्रामीण रात को उधर

से गुजरा और सारी कारगुजारी देखी व सुनी, लेकिन पुलिस के भय से वह खामोश रहा। सुबह होते ही उसी ने गाँववालों को यह बात बताई कि सुखदेव, भगत सिंह और राजगुरु के शव वहाँ जलाए गए हैं। फिरोजपुर के वकील पृथ्वीचंद ने भी यह समाचार सुना और वे घटनास्थल पर पहुँचे। जिस जगह लाशें जलाई गई थीं, वहाँ से केरोसीन की गंध आ रही थी और अधजले छोटे-छोटे मांस के टुकड़े भी पड़े थे। यह समाचार आग की तरह सारे देश में फैल गया और जिसने भी इसे सुना, वही सन्न रह गया। इतनी अमानुषिकता, ऐसा पाशविक कृत्य! उस दिन तो जैसे फिरोजपुर ही धर्मस्थल बन गया।

सुखदेव आदि शहीदों के परिवारवाले विलाप करते हुए घटनास्थल पर पहुँचे, लेकिन वहाँ क्या था। उस स्थान से लाला चिंताराम ने मांस के एक टुकड़े को सहेज लिया और माँ रल्ली देई ने वहाँ की मिट्टी अपने पल्लू में छिपा ली, जैसे माँ अपने लाडले को अपने आँचल में छिपा लेती है। बड़ा ही करुण दृश्य था। ग्रामीणों ने बाँस-बल्ली लाकर उस स्थान को घेर लिया और उसे शहीदों के स्मारक के रूप में विकसित करने का संकल्प लिया। कई ग्रामीण तो उन्माद में इतना बह गए कि नदी में कूदकर कुछ हड्डियाँ भी ढूँढ़कर लाए।

मथुरादास थापर ने इस घटना का मार्मिक वर्णन करते हुए लिखा है—

''जब हम लोगों को सुबह बताया गया कि शव नहीं मिलेंगे तो हम सब उदास होकर लौटने लगे। तभी खबर मिली की शवों को तो नदी के किनारे हुसैनीवाला पुल के पास जला दिया गया है। हम वहाँ पहुँचे तो बहुत भीड़ थी। उस जगह से हमने मांस का अधजला टुकड़ा लिया और माँ जी ने अपने पल्लू में कुछ मिट्टी ली। बस, उन अमर शहीदों की यही निशानी शेष रही। मांस का वह टुकड़ा उन तीनों में से किसका था, यह तो कोई नहीं जानता, लेकिन हमारे लिए तो वह अनमोल धरोहर था। विभाजन के समय वह लायलपुर में रह गया, वह मिट्टी आज भी सुरक्षित है, जिसमें से उन अमर शहीदों की खुशबू आज भी हम महसूस करते हैं।''

सरकार ने उस रात तो अपना घिनौना मकसद पूरा कर ही लिया था।

24 मार्च की वह सुबह इंकलाब की वह सुबह थी, जिसने सारे देश में जनजागरण की लहर ला दी। सारे देश में ब्रिटिश सरकार की इस काली करतूत का परदाफाश हो गया था। देशव्यापी हड़ताल की घोषणा कर दी गई थी। इससे पहले तो हड़तालों में कुछ अंग्रेजी पिट्ठू अपने दुकान-प्रतिष्ठान खोले बैठे रहते थे, लेकिन आज का जनाक्रोश देखकर उनका साहस नहीं हुआ कि वे अपनी दुकानें खोल सकें। हर गली से अमर शहीदों की शहादत में गगनभेदी नारे गूँज रहे थे। देश की समूची

जनता क्रोध में भावविह्वल होकर सड़कों पर उतर आई थी।

देश के इतिहास में 24 मार्च कभी न भूलनेवाला दिन है। आस-पास के गाँवों से लोग नंगे पाँवों ही चले आ रहे थे। भीड़ का कोई पारावार न था। लोगों को देखकर ऐसा लगता था कि मानो पूरा भारत ही उमड़ ही आया था। नौजवान भारत सभा से इस अथाह जनसमुद्र को साक्षी मानकर दो प्रस्ताव पारित किए। पहला इस अमानुषिकता का विरोध और दूसरा शहीदों के सम्मान में स्मारक का निर्माण। इसके अलावा जगह-जगह जुलूस निकाले गए। हालाँकि सारे शहर में धारा 144 लगाई गई थी, लेकिन आज शक्तिशाली प्रशासन का साहस नहीं था कि उस धारा के उल्लंघन को रोक सके। सुरक्षा और शांति में लगे पुलिस और सेना के जवान सहमे-सहमे दिख रहे थे।

फिर तीनों के विधिवत् संस्कार में लगभग एक लाख से ज्यादा पुरुषों व स्त्रियों ने भाग लिया। रावी नदी के तट पर माँ भारती के उन वीर सपूतों की विधिवत् अंत्येष्टि की गई। लाखों की भीड़ अश्रुपूरित नेत्रों से उन हुतात्माओं को श्रद्धांजलि दे रही थी, जो अपने प्राण तो न्योछावर कर गए, लेकिन साथ ही ऐसा अलख जगा गए, जिसने ब्रिटिश साम्राज्य का बिस्तर समेटने में बड़ी महत्त्वपूर्ण भूमिका निभाई।

क्रांति का एक महान् अध्याय संपन्न हो गया था, लेकिन क्रांति के अंत:स्तल की भित्तियों पर ऐसी इबारत लिख गया, जो कभी नहीं मिटनेवाला था। इन तीनों शहीदों का बलिदान सदैव अविस्मरणीय रहेगा, क्योंकि देश की आन-बान के लिए अपनी जान पर खेलनेवाले कभी नहीं मरते। वे तो सच्चे वीर की भाँति अटल और स्थिर हो जाते हैं। राष्ट्र की नींव में और उस नींव पर भले ही कितनी ही बुलंद इमारत का निर्माण क्यों न हो जाए, कंगूरे सदैव नींव में धड़कते उन बलिदानों की धड़कन को सुनते हैं। वे सच्चे शहीद उस पथिक की भाँति होते हैं, जो नंगे पाँव से कंटक मार्ग पर चलते हुए मार्ग के कंटकों को साफ करते जाते हैं और आनेवालों के लिए मार्ग प्रशस्त कर देते हैं। अपने विलक्षण विचारों, अद्भुत कार्यों से वे सदैव मानवता का मार्ग प्रकाशपुंज बनकर आलोकित करते रहते हैं।

□

अमर शहीद सुखदेव

क्रांति के अप्रतिम पुरोधा और सच्चे कर्मयोगी सुखदेव के बारे में जो भी लिखा जाए, कम ही है। उस महान् क्रांतिकारी ने अपना लक्ष्य बाल्यावस्था में ही तय कर लिया था और यौवन में पदार्पण के साथ ही मार्ग खोज लिया था। अंतर्मुखी सुखदेव के मस्तिष्क में क्रांति के विचारों का संजाल फैला ही रहता था और वे क्षण-प्रतिक्षण क्रांति को कुछ-न-कुछ अर्पण करने की चेष्टा करते रहे थे।

जब सुखदेव ने क्रांति पथ पर कदम रखे तो उन्होंने स्नेह का अर्पण किया और कुछ आगे बढ़े तो अपने परम मित्र भगत सिंह को अर्पण किया। उसके बाद 28 मई, 1930 को उनके पथ-प्रदर्शक रहे भगवतीचरण एक बम परीक्षा में मारे गए थे। जेल में ही उन्होंने यह भी सुना कि क्रांति के महानायक चंद्रशेखर आजाद इलाहाबाद के कंपनी बाग में 27 फरवरी, 1931 को इस क्रांति की धाती को युवाओं को सौंपकर परलोक चले गए। ऐसी घटनाओं से यदि कोई साधारण व्यक्ति होता तो वह टूट जाता, लेकिन असाधारण व्यक्तित्व के धनी सुखदेव फौलाद बने रहे।

अपने निर्णय एवं विचार सुखदेव को इतने प्रिय थे कि भले ही प्राण चले जाएँ, लेकिन वे कभी अपने निर्णय से पीछे नहीं हटते थे। देश में चल रहा स्वतंत्रता आंदोलन दो भागों में बँट गया था—हिंसामूलक और अहिंसामूलक। ये सुखदेव ही थे, जिन्होंने गहन चिंतन एवं मनन से दोनों आंदोलनों को मथकर एक ऐसा आंदोलन शुरू किया, जो दोनों ही नीतियों पर आधारित था। उन्होंने बड़ी निकटता से देखा था कि उदारवादी आंदोलन में सत्ता की भागीदारी की ललक थी, जिसके कारण उदारवादी ब्रिटिश सरकार की अनीतियों का खुलकर जवाब देने में सक्षम नहीं थे। ब्रिटिश सरकार उन्हें मोहरों की भाँति युवा क्रांति के विरुद्ध प्रयोग करती थी। सुखदेव ने सदैव देशहित को सर्वोपरि माना और इससे कभी समझौता नहीं किया।

देशहित में सोचनेवाले चाहे वे उदारवादी दल के थे या हिंसक दल के, वे सदैव सुखदेव के आत्मीय रहे।

इससे इतर सुखदेव को न तो सम्मान की कोई इच्छा थी और न ही वे सम्मान की भावना रखते थे। यदि देशहित में ब्रिटिश सरकार ने भी कुछ उदारता दिखाई होती तो सुखदेव ऐसे क्रांतिकारी थे, जो मुक्त कंठ से सरकार की प्रशंसा करने में कोई संकोच न करते। लक्ष्य की प्राप्ति तक उन्होंने अपने कर्तव्य का निर्वाह किया। उनके जीवन में समाज की सुदृढ़ संरचना का विशेष महत्त्व रहा और इसी पर आधारित उन्होंने क्रांति का रूप बदला।

सुखदेव एक विशुद्ध चिंतक, कुशल आलोचक और निपुण नीतिवान थे। उन्होंने अपनी फाँसी से लगभग बीस दिन पहले अहिंसा आंदोलन के प्रणेता राष्ट्रपिता महात्मा गांधी को एक पत्र लिखा था, जो उनकी शहादत के बाद गांधीजी को मिला। इस पत्र में सुखदेव की विलक्षण क्षमता का दर्पण स्पष्ट था, जिसने गांधीजी को भी एक अनोखी सीख दी। वह पत्र इस प्रकार था—

एक खुली चिट्ठी : गांधीजी के नाम

परम कृपालु महात्माजी!

सूचनाएँ मिली हैं कि अभी हाल ही में लॉर्ड इरविन से समझौते की सफलता के बाद आपने अपनी अहिंसा की शक्ति को आजमाने का आखिरी मौका माँगते हुए कुछ प्रकट प्रार्थनाएँ क्रांतिकारियों से की हैं कि वे अपने आंदोलनों को बंद कर दें। प्रश्न यह उठता है कि किसी आंदोलन को केवल भावनाओं व आदर्शों के आधार पर कैसे बंद किया जा सकता है! किसी भी युद्ध में नीति बदलने का कार्य तो अवसर और आवश्यकता के परिप्रेक्ष्य में ही संभव है न!

आज आपने समझौते की वार्त्ता के मध्य इस ओर विचार भी न किया होगा और न ही स्वयं इससे अनभिज्ञ होंगे कि यह अंतिम समझौता नहीं है। हाँ ऐसा हो सकता है कि आपके द्वारा प्राप्त कुछ सुधारों का अमल हो, लेकिन इससे कोई भी यह बात तो नहीं मान सकता कि हमने लक्ष्य प्राप्त कर लिया है। स्वतंत्रता टुकड़ों में मिलनेवाली कोई वस्तु नहीं है और जब तक संपूर्ण स्वतंत्रता नहीं मिल जाती, तब तक युद्ध विराम का प्रश्न ही कहाँ उठता है। महासभा तो इसी संकल्प से आगे बढ़ रही है। ऐसे समय में ये समझौते तो अल्पविराम की भूमिका ही निभाते हैं। इसका तो यही अर्थ है कि भविष्य की योजनाओं को और मजबूत व फलकारी बनाने का अवसर मिला। इस विचार से तो समझौते और युद्धविराम की शक्यता की ही कल्पना हो सकती है तथा इसका औचित्य भी सिद्ध हो सकता है।

किसी भी आंदोलन के युद्धविराम का उचित अवसर और आवश्यकता को तो नेतृत्व ही तय कर सकेगा। लाहौर प्रस्ताव आज भी है और फिर भी आपने अपने सक्रिय आंदोलन को बंद रखना उचित समझा है। ठीक इसी प्रकार 'हिंदुस्तान सोशलिस्ट रिपब्लिकन पार्टी' है, जो स्पष्ट करती है कि उसका ध्येय और आदर्श समाज सत्तावादी प्रजातंत्र की स्थापना करना है। यह प्रजातंत्र हमारे लिए मध्य का विश्राम नहीं। ध्येय की प्राप्ति और आदर्श की सिद्धि तक वे लड़ते रहने के लिए प्रतिबद्ध हैं। बदली परिस्थितियों और वातावरण में अवश्य उन्हें अपनी युद्ध नीति बदलने से कोई ऐतराज नहीं होगा, क्योंकि क्रांतिकारी युद्ध अलग अवसरों पर अलग रूप धारण कर लेता है। कभी यह प्रत्यक्ष होता है तो कभी नितांत गुप्त हो जाता है। कभी आंदोलन में बदल जाता है तो कभी जीवन-मृत्यु की रणभूमि भी बन जाता है। ऐसी दशा में आंदोलन को बंद करने के विशेष कारण होने चाहिए और आपने तो कोई कारण या विचार प्रकट ही नहीं किया। इन भावपूर्ण अपीलों का क्रांतिकारी युद्ध में कोई विशेष प्रभाव नहीं पड़ता और पड़ ही नहीं सकता।

आपने समझौता किया और उसके अनुसार अपना आंदोलन बंद किया। फलस्वरूप आपके सभी कैदी रिहा हो गए, लेकिन क्रांतिकारी कैदियों की ओर भी तो दृष्टिपात करें। इनका क्या होगा? गदर के 15 वर्ष बाद भी उसके कैदी जेलों में पड़े सड़ रहे हैं। सजाएँ पूरी हो चुकी हैं, लेकिन रिहाई नहीं हुई। जबकि मार्शल लॉ में गिरफ्तार बीसियों कैदी जिंदा ही नारकीय दशा को पहुँच गए हैं। बब्बर, अकाली, देवगढ़, काकोरी, मछुआ बाजार और लाहौर षड्यंत्र के सैकड़ों कैदी भी इसी दुर्दशा में पहुँचें हैं। देश के अनेक शहरों में षड्यंत्रों के मुकाबले चल रहे हैं और सब जगह कैदी न्याय की प्रतीक्षा करते हैं। कितने ही क्रांतिवादी, जिनमें कितनी ही स्त्रियाँ हैं, जो कि जान बचाते भागी फिरती हैं। कितने ही तो फाँसी पर लटकने की राह देख रहे हैं। इन सबका किसी ने सोचा कि क्या होगा! लाहौर षड्यंत्र केस के तीन कैदी, जो सौभाग्य से प्रसिद्धि पा गए और जनता की सहानुभूति पा सके, वे क्रांतिदल में बहुत महत्त्वपूर्ण नहीं हैं? उनका भविष्य ही क्रांतिकारी दल के सामने एकमात्र प्रश्न नहीं है? सत्य तो यह है कि उनकी सजा कम होने की अपेक्षा उनका फाँसी पर चढ़ जाना अधिक लाभप्रद होगा।

इतना सब होने पर भी आप उन्हें अपना आंदोलन बंद करने की राय दे रहे हैं। उन्हें ऐसा क्यों करना चाहिए, इसका आपने कोई संकेत नहीं दिया। इससे तो यही प्रकट होता है कि इन प्रार्थनाओं को सरकार और नौकरशाही ने प्रायोजित किया है, जो इस माध्यम से क्रांतिकारी आंदोलन को कुचल देना चाहती है। आपकी यह

विनती एक प्रकार से उन्हें अपने दल से पलायन, उल्लंघन एवं विश्वासघात के लिए उकसाना है। यदि ऐसा नहीं है तो आपके लिए यही उचित होता कि आप दल के अग्रणी नेताओं से बातचीत करते, उनके विचारों और बुद्धि से परिचित होते। मैं नहीं समझता कि आप आज भी इसी पुरानी कला को मानते हैं कि क्रांतिकारी बुद्धिहीन, विवेकहीन और परपीड़ा में आनंद माननेवाले हैं। मैं कहता हूँ कि वस्तुस्थिति इसके विपरीत है। क्रांतिकारी प्रत्येक कार्य को करने से पहले उस पर गहन विचार करके उसके दूरगामी परिणामों को भी जानकर ही कोई कदम उठाते हैं।वे क्रांति में केवल रचनात्मक अंग को महत्त्व देते हैं। वे अपने दायित्वों का भली-भाँति निर्वहन भी करते हैं। यह अलग बात है कि वर्तमान परिस्थिति में उनके सभी कार्यक्रम उनके संहारक अंगों के आश्रय हैं, क्योंकि उनके पास कोई और विकल्प नहीं है।

सरकार इन क्रांतिकारियों के प्रति सदैव यही नीति अपनाती आई है कि उन्हें लोगों से जो सहायता या सहानुभूति मिले, उससे उन्हें वंचित किया जाए और उन्हें कुचल दिया जाए। मंशा साफ है कि अकेले शिकार को भेड़िये भी सरलता से मार खाते हैं। अत: इन दशाओं में आपकी कोई भी भावुक अपील, जो उनमें बुद्धि भेद करे या उन्हें शिथिल करे, अनुचित और उन्हें कुचल डालने में नौकरशाही की सहायतार्थ ही समझी जाएगी।

हमारी आपसे करबद्ध प्रार्थना है कि यदि कोई निश्चित तथ्य आपके पास है तो आप दल के नेताओं से बातचीत करें, उससे संधि करें या ये प्रार्थनाएँ रहने दें। कृपा करके हिताहित की दृष्टि से उपरोक्त दो विकल्पों में से एक चुनें और जो भी चुनें उस पर सच्चे दिल से चलते रहें। आप किसी कारण या विचार से उनकी सहायता नहीं कर सकते तो उनका मार्ग अवरुद्ध न करें। उन्हें अलग ही रहने दें। उन्हें अपनी सहायता करना आता है। वे भली-भाँति जानते हैं कि इस राजनैतिक युद्ध में क्रांतिकारी पक्ष को ही सर्वोपरि स्थान मिलेगा। अब लोग उनकी ओर आकर्षित हो रहे हैं और उस दिन को दूर न समझें, जब ये उस जनसमूह को अपनी ध्वजा के नीचे समाज सत्तात्मक प्रजातंत्र के शानदार और भव्य आदर्श की ओर ले जाएँगे।

हो सकता है कि आप सचमुच ही उनकी सहायता करना चाहते हों तो उसके लिए आवश्यक है कि आप उनसे बातचीत करें और उनके दृष्टिकोण को समझकर अपनी अमूल्य राय कारण सहित बताएँ।

आशा है कि आप मेरी उक्त प्रार्थना पर विचार करके अपने विचारों से सर्वसाधारण को सूचित अवश्य करेंगे।

आपका
अनेकों में से एक

सुखदेव के इस पत्र में उनके सभी दृष्टिकोण स्पष्ट होते हैं। अपने दल के प्रति समर्पण, समाज के प्रति कर्तव्य भावना, अवरोधों के प्रति सविनय रोष और शालीन आलोचनात्मक समझ सब कुछ इससे स्पष्ट होता है। सुखदेव का यह पत्र महात्मा गांधी को उनकी शहादत के बाद ही मिला। गांधीजी ने इसका उत्तर भी दिया, जैसा कि सुखदेव संकेत करके गए थे कि इसके उत्तर के लिए प्रेषक उपलब्ध नहीं होगा और इसका उत्तर सर्वसाधारण को दीजिए। गांधीजी ने इस गूढ़ पत्र का उत्तर दिया, जो इस प्रकार था—

'अनेकों में से एक'

'अनेकों में से एक' लिखा हुआ यह पत्र स्वर्गीय सुखदेव का है, जो भगत सिंह के साथी थे। यह पत्र मुझे उनकी मृत्यु के बाद प्राप्त हुआ। समय का अभाव रहा तो मैं इसे शीघ्र प्रकाशित भी नहीं करा सका। बिना किसी संशोधन या परिवर्तन के ही वह अन्यत्र दिया गया है।

यह लेखक 'अनेकों में से एक' नहीं है। राजनैतिक स्वतंत्रता के लिए फाँसी पर चढ़नेवाले 'अनेकों में से एक' नहीं हैं। राजनैतिक चाहे कितना ही निंद्य हों, तो भी अपने देश-प्रेम और साहस से कई ऐसे दु:साहस भरे काम कर जाते हैं कि उनकी कद्र किए बिना नहीं रहा जाता और हम यह आशा रखें कि राजनैतिक खूनियों की परंपरा लंबी नहीं होती जा रही। यदि भारत देश का अहिंसा प्रयोग सफल हुआ और होना ही चाहिए तो निश्चय है कि राजनैतिक खूनियों का व्यापार सदैव के लिए बंद हो जाएगा। मैं स्वयं तो कम-से-कम इसी श्रद्धा से काम कर रहा हूँ।

लेखक ने मेरे साथ यह कहकर अन्याय किया है कि मैंने क्रांतिकारियों से भावनापूर्ण विनती कर उनका आंदोलन बंद कराने की अपील के अलावा कुछ नहीं किया है। मैं उन्हें कहता हूँ कि मैंने उनके सामने एक नग्न सत्य रखा कि पहले भी कई बार इन स्तंभों के माध्यम से सबने पठन किया है, तथापि उन्हें फिर से दोहराया जा सकता है—

(1) क्रांतिकारी आंदोलन ने हमें कभी लक्ष्य की ओर नहीं पहुँचाया।
(2) इस आंदोलन ने देश के रक्षा खर्चों में अत्यधिक वृद्धि की है।
(3) उसने बिना किसी लाभार्जन के सरकार को प्रतिहिंसा के कारण और अवसर उपलब्ध कराए हैं।

(4) जब-जब क्रांतिकारी खून हुए, तब-तब वहाँ के लोग नैतिक बल में क्षीण हुए।

(5) इस आंदोलन ने जनचेतना के क्षेत्र में कोई भागीदारी भी नहीं की।

(6) इसकी गतिविधियों से जनसाधारण को दोहरी हानि हुई है। अधिक खर्च का भार और सरकारी क्रोध दोनों अप्रत्यक्ष भोगने पड़े हैं।

(7) भारत का इतिहास साक्षी है कि यहाँ की भूमि में क्रांतिकारी खून पनप नहीं सकता, क्योंकि हमारी परंपरा राजनैतिक हिंसा के विकास के प्रतिकूल है।

(8) क्रांतिकारी जनांदोलन कर सके, यह घोर कल्पना है और इस कल्पना से स्वतंत्रता प्राप्त करने में अनंतकाल तक प्रतीक्षा करनी होगी।

(9) अगर हमारे देश में हिंसावाद को समर्थन मिला, जैसे कि अन्य देशों में मिला तो निश्चित ही यह हम पर उलटकर वार करेगा।

(10) इसके विपरीत अहिंसा की शक्ति का स्पष्ट प्रदर्शन क्रांतिवादी देश भी कर चुके हैं। उनकी छिटपुट हिंसा और अहिंसकों का लिबास ओढ़ने वालों की भी हिंसा के बावजूद अहिंसा टिकी है और टिकी रहेगी।

(11) यह एक कटु सत्य है कि यदि मुझे यहाँ पूरा-पूरा शांत वातावरण मिला होता तो हम कब के अपने ध्येय को प्राप्त कर चुके होते। हिंसावाद ने अहिंसा के आंदोलन को लाभ की बजाय सदैव हानि ही पहुँचाई है।

मेरा दावा है कि यही वह नग्न सत्य है, जिसे लेखक ने भाव प्रधान सत्य कहा है। प्रस्तुत लेखक तो मेरी प्रकट प्रार्थनाओं पर आपत्ति करते हुए यह आरोप भी लगा रहे हैं कि उनके आंदोलन को कुचलने के लिए मैं नौकरशाही का माध्यम हूँ, लेकिन सत्य तो यह है कि नौकरशाही स्वयं सक्षम है। वह मेरी सहायता के बिना भी ऐसे आंदोलन को कुचल सकती है। यह पूर्व में सिद्ध भी हो चुका है। वह तो क्रांतिवादियों की तरह मेरे विरुद्ध भी स्वयं को बचाने के लिए जूझ रही है। उसे हिंसक आंदोलन से इतना भय नहीं है, क्योंकि मुकाबला करना तो वह भली-भाँति जानती है। असल खतरा तो अहिंसक आंदोलन से है, जिसके सामने उसकी हिम्मत टूट जाती है। यह अहिंसा ही है, जिसने उसकी नींव को हिलाकर रख दिया है।

दूसरे, राजनैतिक खूनी इस पेशे में आने के साथ अपना मूल्यांकन कर लेते हैं। यह तो संभव ही नहीं कि मेरे किसी कार्य से उनका भविष्य इससे भी अधिक खराब हो सकता है।

आगे मैं कहना चाहूँगा कि लेखक ने क्रांतिकारी नेताओं से वार्ता करने की जो राय दी है, मैं उस पर अमल करूँ। इनके नेता तो गुप्त रीति से कार्य करते हैं और

गुप्त ठिकानों पर रहते हैं। ऐसे में मेरे पास प्रकट प्रार्थना के सिवा कोई विकल्प शेष नहीं बचता। साथ ही मैं इतना बताना चाहूँगा कि मेरी ये प्रकट प्रार्थनाएँ निष्फल भी नहीं हुई हैं। आज मेरे कई ऐसे साथी हैं, जो पूर्व में क्रांतिकारी थे, अब अहिंसा के आदर्शों को जानकर मेरे साथ हैं।

लेखक की एक शिकायत यह भी कि समझौते की सफलता से सत्याग्रही कैदी ही मुक्त हो सके हैं अन्य कोई नहीं छोड़ा गया। इन अन्य कैदियों को छुड़ाने का आग्रह किस आधार पर किया जाए! मैं स्वयं तो यही चाहता हूँ कि हर कोई छूट जाए और इस संबंध में भरसक प्रयत्नशील भी हूँ। मैं जानता हूँ कि कई तो सजा पूरी होने के बाद भी सजा काट रहे हैं। महासभा ने इस संबंध से ठहराव ही किया है। कार्यसमिति ने श्री नरीमन को सभी ऐसे कैदियों की सूची बनाने का कार्य सौंपा है। सूची मिलते ही इस दिशा में ठोस कार्यवाही की जाएगी। आवश्यकता तो यह भी है कि जो क्रांतिवादी बाहर हैं, वे अपने हत्या उद्योगों को रोककर हमारी सहायता करें। दोनों कार्य तो एक साथ नहीं किए जा सकते। हाँ, कुछ ऐसे राजनैतिक कैदी अवश्य हैं, जिनकी मुक्ति किसी भी सूरत में होनी चाहिए। मैं तो उन सबको, जो इन बातों से संबंधित हैं, आश्वासन दे सकता हूँ कि इस काम में देरी का कारण इच्छा की कमी नहीं, बल्कि शक्ति की कमी है। यह स्मरण रहे कि अगर कुछ ही माह बाद अंतिम संधि हुई तो उस समय सभी राजनैतिक कैदी अवश्य ही रिहा होंगे और यदि सुलह नहीं तो वे भी, जो उन्हें छुड़ाने का असफल उद्योग करते फिरते हैं, उनके पास जेल में ही बैठे होंगे।

—मोहनदास करमचंद गांधी

सुखदेव की विलक्षण बुद्धि की प्रशंसा करनी होगी और क्यों करनी होगी, यह परस्पर इन पत्रों के पठन से स्पष्ट हो जाता है। इन पर कैसी भी टिप्पणी करने से बचते हुए उस अमर क्रांतिकारी सुखदेव के व्यक्तित्व पर दृष्टिपात करते चलें।

सुखदेव ने अपने ताऊ चिंताराम थापर की छत्रछाया में देश-भक्ति का पाठ पढ़ा तो अन्य सब पाठ्यक्रम ही भुला दिए। छात्र जीवन से ही स्वयं को देश की सेवा में अर्पण करनेवाले सुखदेव प्रारंभ में गांधीवाद से प्रेरित थे, लेकिन देश के निरंतर बिगड़ते सामाजिक संतुलन ने उन्हें क्रांतिवाद की ओर आकर्षित किया। ऐसा नहीं है कि उन्होंने झटके से इस मार्ग पर कदम रख दिया था। सबसे पहले इस धारा की पूरी जानकारी प्राप्त की, फिर उस पर चिंतन किया। उन्होंने कुछ संशोधनों की आवश्यकता को महसूस किया और अपने अनन्य मित्र भगत सिंह से महीनों

विचार-विमर्श करते रहे। किसी धारा में संशोधन या परिवर्तन करना नेतृत्व का कार्य है। यह क्रांति का सौभाग्य था या सुखदेव की लगन कि उन्हें नेतृत्व ने सराहा और एक नई पद्धति ने क्रांतिवाद को एक बड़े जनांदोलन में बदल दिया, जिसे गांधीजी घोर कल्पना कहते थे।

यह सुखदेव की ही अथक मेहनत का परिणाम था कि कभी बंगाल आंदोलन का अनुराग रहा, जिसने पंजाब की अगुवाई स्वीकार नहीं की। सच्चे अर्थों में सुखदेव के सटीक नियमन और क्रियान्वयन ने पंजाब को युवा क्रांति का गढ़ बना दिया, जिसने विश्वभर में अपनी पहचान बनाई। सुखदेव एक सच्चे कर्मयोगी और अटल विश्वास के शक्तिपुंज थे, जिन्होंने उस समय में तथा उस आयु में राष्ट्रीय क्षितिज पर ध्रुव तारे की भाँति अटल स्थान प्राप्त किया। वे आज हमारे बीच नहीं हैं, लेकिन क्या कोई उन्हें विस्मृत कर सकता है? उन महान् देशभक्त का जीवनवृत्त सूर्य की भाँति स्वतंत्रता के आकाश पर आलोकित है और हम सबको प्रेरणा दे रहा है।

□□□